오정현

"한 영혼을 위해 죽을 수 있는가?"
가슴 떨리고 서늘한 이 질문을 날마다 스스로에게 던지며, 복음의 비밀을 담대하고 확신 있게 전하고 싶어 하는 이 시대의 비전 메이커이다. 모든 세대가 지닌 강점을 모아 비전과 소명을 향해 달려 나가게 하고, 예수님의 온전한 제자가 되어 복음으로 변화하는 공동체를 세우기 위해 삶의 모든 순간을 주님께 드리고 있다. 거침없는 도전정신으로 부르심에 전력 질주하면서도 한 영혼을 뜨겁게 사랑하는 데 진액을 쏟아내는 그의 열정은, 거룩한 영향력을 상실한 그리스도인들의 영적 야성을 일깨우고 있다.

그는 "한 사람을 그리스도 안에서 온전한 제자로 세우는 제자훈련"을 목회철학으로 삼고 40여 년을 제자훈련 사역에 매진해왔다. 현재 사랑의교회 담임목사로서 '제자훈련의 국제화'와 '피 흘림이 없는 복음적 평화통일' 그리고 '통일 세대를 위한 신앙 인재 양성'을 위해 쉬지 않고 달려가고 있다. 또한 국제제자훈련원 원장, 한중국제교류재단 대표회장, 연변과학기술대학(YUST) 이사장, 〈크리스채너티 투데이〉 한국판 발행인 등으로 섬기며 가정과 일터와 사회 속에서 제자훈련이 뿌리내릴 수 있도록 혼신의 힘을 쏟고 있다.

저서로는 《내 삶을 빚으시는 하나님의 다스림》, 《순종선언》, 《정면돌파》, 《돌보심》, 《소금맛 나는 소통》, 《잠들지 않는 사역자》, 《신동행기》, 《통찰과 예견》 등 다수가 있다.

거룩한 결심

슌중선언

거룩한 결심

승중선언

오정현 지음

국제제자훈련원

머리말

나는 모든 상황에서 하나님의 주권과 섭리를 인정하겠습니다

당신은 무엇을 바라며 살아가는가?

이 세상에는 각기 다른 외모만큼이나 다양한 인생이 공존하고 있다. 개성과 독창성이 대우받는 요즘 같은 시대에는 더욱 그러하다. 이렇듯 각양각색의 인생들을 몇 가지 틀로 나눈다는 것이 가능하지 않겠지만 '목표'라는 관점에서는 세 가지로 나누어 볼 수 있다.

첫째는 다람쥐 인생이다.

다람쥐 쳇바퀴 돌 듯 생존하는 인생, survival life를 말한다. 곡예사가 저글링하는 것과 똑같은 인생이다. 그저 접시를 떨어뜨리지 않는 데 급급하고 조급하며 여유가 없다. 이것은 단순히 돈이 있고 없고의 문제가 아니다. 다람쥐 인생을 사는 사람들에게 삶의 목표는 주말이다. 이들은 늘 "언제 주말이 오나…"를 입에 달고 산다.

둘째는 타이어 인생이다.

세상적으로 성공한 인생, successful life를 말한다. 성공하기 위해서 남부럽지 않게 학벌도 갖췄고, 직장에서 인정받으며, 가정도 잘 건사하고 풍요로운 노년을 보내기 위해 적금도 열심히 부으면서 달리고 또 달리는 인생이다. 성공의 기쁨과 성취의 보람을 느끼기도 한다. 인생 말년에 내세울 말도 물론 있다. 하지만 이들의 삶은 투전 놀이판과 같이 피 터지게 싸워야 하는 곳이어서 언제든 만족이란 게 없다. 허무하다. 타이어처럼 온몸이 닳도록 고생했지만 그건 그저 피곤한 tired 인생일 뿐이다.

〈뉴욕 타임스〉는 얼마 전 수백만 불의 재산을 갖고 있음에도 더 많은 돈을 벌기 위해 일에 빠져 사는 실리콘밸리의 불쌍한 백만장자들을 소개했다. 데이트 알선 웹 사이트인 매치닷컴의 창업자인 게리 크레멘의 재산은 미국 내 전체 인구의 1퍼센트에 속하는 1천만 불에 달하지만 그는 아직도 많게는 일주일에 80시간을 일에 매달린다. 미국 내 전체 인구의 2퍼센트에 속하는 규모인 350만 불의 재산을 가진 할 스테거도 하루 12시간 일하는 날이 다반사이며, 주말에도 10시간 정도 일하는 것이 특별한 일은 아니라고 한다.

그들은 백만장자가 됐음에도 일에서 벗어나지 못하고 있다. 자신들의 성공이 우연이 아니라는 것과 백만장자가 아닌 억만

장자가 되어 0.1퍼센트에 속하고 싶다는 욕망이 얼마든지 편한 삶을 살 수 있는 실리콘밸리의 백만장자들을 고단한 삶으로 밀어넣고 있다. 그들도 그저 몸이 닳도록 일하는 타이어 인생일 뿐이다.

셋째는 모퉁잇돌 인생이다.

영의 눈이 번쩍 뜨인 인생, significant life를 말한다. 비록 사람들로부터 버린 돌이 될지언정 세상의 화려함이나 사회적 지위에 집착하기보다 영원한 하나님 나라를 소망하는 인생이다. 하나님의 뜻에 삶을 맡기며, 어떤 상황에 처하더라도 그것이 하나님 뜻임을 알기에 하나님 나라를 위한 든든한 머릿돌이 되고자 한다. 그래서 지금의 나를 배불리기보다 도리어 희생하며 남을 살리는 인생을 살아간다. 모든 상황에서 하나님의 주권과 섭리를 인정하며 그 뜻에 순종하는 사람, 이 책의 주인공인 요셉이 바로 이 유형의 대표적인 인물이다.

열매 맺는 삶의 전형 요셉을 만나다

아버님이 사역하시던 부산에서 올라와 서울에서 대학 다니던 시절, 한 친구가 교회 밖 선교단체에서 하는 성경공부에 나를 초대해 주었다. 그 당시 이화여자대학교 안에 있던 다락방이라는 모임이었다. 주일예배를 마친 오후에 친구를 따라갔더니 예닐곱 명이 모여 있었다. 그중 한 사람이 내게 질문했다.

"정현 형제, 어떻게 사는 게 열매 맺는 삶이라고 생각합니까?"

그때 그 질문 자체가 내게는 너무나 큰 충격이었다. 열매 맺는 삶이 무엇인지 그때까지 한 번도 고민해 본 적이 없었기 때문이다.

그저 성경공부라면 자신 있던 나였다. 목회자의 아들로 태어나 당시 내 나이보다 더 많이 성경을 통독했으며, 어느 성경 퀴즈 대회에서든 1등을 놓친 적이 없었다. 그런 내게 이제껏 알고 있던 성경 지식이 아무것도 아님을 절감하는 순간이 찾아온 것이다. 그때가 늦봄이었는데, 그 충격은 그해 여름을 지나 가을까지 이어지며 나를 고민의 늪으로 빠뜨렸다.

그러다 마침내 내게 은혜가 임했다. 열매 맺는 삶이 무엇인지 드디어 감이 잡히기 시작했던 것이다.

'인생에서 열매 맺는 삶은 가장 가치 있는 삶을 뜻한다. 가장 가치 있는 삶은 이 땅에 있다가 사라질 일시적인 것을 위해 인생을 낭비하지 않고 영원한 것을 위해 인생을 쓰는 삶이다.'

이것을 깨달은 후 나는 열매 맺는 삶의 전형을 찾기 위해 창세기부터 성경을 읽어 나가기 시작했다. 그러다가 요셉을 만났다. 요셉의 삶은 열매 맺는 삶을 가장 잘 압축해 놓은, 바로 그런 인생의 결정판 같았다.

그 후로 나는 틈날 때마다 요셉의 삶을 추적했다.

요셉은 형들에게 시샘을 받아 노예로 팔려 간 사람이었다.

그는 노예로 오랜 시간을 보냈고 이후엔 감옥의 죄수가 되기도 하였다. 하지만 명줄이나 연명하는 이런 밑바닥 인생에서도 하나님의 손이 함께하심으로 말미암아 그는 대제국 애굽의 2인자가 되는 최고 위치까지 올라갔다. 이렇게 일개 노예가 당대 최대 제국의 최고위층에 오른 일은 세계 역사상 유례가 없는 일이었다. 이는 기가 막히게 놀라운 사실이다.

요셉은 그저 노예 출신으로서 출세한 사람이 아니다. 아버지한테 받은 재산 한 푼 없이 자기 힘으로 한 살림을 이룬 것이 아니다. 요셉은 자수성가自手成家의 사람이 아니라 하나님의 손이 함께하심으로 신수성가神手成家의 축복을 누린 사람이다.

우리 그리스도인은 두 세계를 품에 안고 사는 사람이다. 눈은 하늘의 세계를 보지만 발은 땅을 딛고 살아야 한다. 어떻게 보면 우리들은 필립 얀시의 말처럼 물의 세계와 육지의 세계에서 동시에 살아야 하는 양서류와 같은 삶을 산다. 천국을 본향으로 두고 있는 그리스도인이 성공적인 삶을 사는 비결은 이 땅에 동화되는 것이 아니며, 그렇다고 생각과 행동이 분리된 이원화된 삶을 사는 것도 아니다. 이 땅에서 성공하는 삶은 나그네의 신분이지만 주인의식을 가지고 사는 것이다.

어떻게 나그네의 신분으로 주인의식을 가지고 살 수 있는가? 성경은 나그네 인생을 살면서도 주인의식을 가지고 성공을 거둔 여러 인생을 보여 준다. 믿음의 조상으로 일컫는 아브라함은 고향을 떠나 가나안으로 가는 나그네의 인생 여정을 성공적으로 마친 사람이며, 성경에서 가장 온전한 삶을 보여 준 다니엘은 이스라엘을 떠나 바벨론에서 타향살이의 삶을 성공적으로 산 사람이다. 하나님께서 친히 나의 택한 그릇이라고 말씀하셨던 바울의 삶은 한마디로 일생이 나그네와 같은 삶이었지만, 누구보다도 성공적으로 이 땅에서 살았던 사람이다. 요셉 역시 나그네의 신분이었지만 이 땅에서 주인의식을 가지고 가장 성공적인 삶을 살았던 사람이다. 우리는 이제 요셉의 직접적인 말을 통해서, 때로는 아버지 야곱의 입을 통해서, 또 요셉을 낳고 키운 어머니들의 절절한 심정을 헤아림으로 그리고 요셉을 팔았던 못났지만 차마 미워할 수 없는 형제들의 고뇌와 눈물을 통해 생생하게 요셉의 삶과 동행하게 될 것이다. 그러는 가운데, 이 땅에서 나그네의 신분을 가지면서도 어떻게 주인의식을 소유한 자로서 성공적인 삶을 살 수 있는지 배우게 될 것이다.

요셉의 성공 비결은 100퍼센트 순종에 있었다

나도 처음에는 요셉의 형통과 축복에 포커스를 두었다. 하지만 요셉의 삶을 추적하면 할수록 그가 얼마나 엄청난 축복을 받고 누렸는가는 오히려 부차적인 문제가 되어 갔다.

그보다는 모든 상황에서 단 한 번도 낙심하거나 불평하지 않고, 하나님이 인도해 주시는 상황 가운데 최선을 다하는 요셉의 순종이 눈에 들어오기 시작했다. 만약 그가 애굽의 국무총리가 될 줄 미리 알았다고 한다면 그 상황에서 노예 생활과 감옥 생활을 성실하게 잘 인내한 것은 누구나 이해할 수 있는 일이다. 그러나 요셉은 아무것도 몰랐다. 그러면서도 그 어렵고 힘난한 고난 가운데 하나님께 한 번도 항변한 적이 없다.

어떻게 그럴 수 있었을까? 나는 요셉이 기가 막힌 상황들, 죽을 것만 같은 절망의 순간들 속에서도 하나님의 섭리와 주권을 인정했음을 깨달았다. 요셉의 삶이 그렇게 역동적이고 탄력적이었던 것은 자신이 하나님의 섭리와 목적의 확고함 안에 있다는 확실한 믿음 때문이었다.

섭리란 무엇인가? 하이델베르크 교리문답은 '섭리'에 대해 이렇게 설명한다. "섭리란 하나님의 전능하시고 항존하시는 권능으로서 과거에 하나님이 직접 하신 것과 같이 현재도 하늘과 땅과 그 안에 있는 모든 것을 유지하시고 또한 지배하셔서 나무의 잎과 풀, 비와 가뭄, 풍년과 흉년, 음식, 건강과 병고, 부와 빈곤 이외에도 모든 것이 우연하게 나타나는 것이 아니라 아버지다운 솜씨에 의해서 나타나는 것을 말한다."

하나님이 지금도 우리와 함께 계시며, 우리가 하나님의 섭리 안에 있다는 것을 믿는다면 어떤 상황이 닥치든 절망할 이유도 불안할 이유도 없다. 모든 상황 속에서 하나님의 주권과 섭리를 기억하는 것, 이것을 한마디로 요약하자면 바로 '순종'이 될 것이다. 그런데 우리는 예수님을 믿는다고 하면서도 얼마나 많은 불평불만을 늘어놓는가.

'왜 나는 내가 원하는 대학에 들어가지 못했을까. 내가 원하는 디자인 공부만 했더라면 내 인생이 요 모양 요 꼴이 되지는 않았을 텐데…'

'왜 나는 저런 성격도 이상한 직장 상사를 만났을까. 그냥 확 그만두든지 해야지.'

'내가 쟤보다 얼굴도 예쁘고 똑똑한데, 쟤는 저렇게 좋은 신랑 만나서 잘 먹고 잘사는데, 나는 고작 이게 뭔가.'

나 또한 예수님을 믿고 말씀 가운데 늘 충만하려고 애쓰지만, 4형제로 태어난 데다 자식마저 아들만 둘을 둔 까닭에 가끔은 '나도 저렇게 예쁜 딸이 있었으면 좋겠다'는 푸념이 나올 때가 있다. 그만큼 사람은 주께서 오늘 내게 허락하신 상황을, 그 속에 나타내신 하나님의 뜻을 그대로 받아들이기가 어렵다.

언젠가 나는 집사님 한 분에게서 다음과 같은 편지를 받았다.

오 목사님, 주님의 이름으로 문안드립니다.
참으로 나라가 어려운 때입니다. 나라가 온통 정치 얘기로 들끓고 있고 어떤 교회들은 교회가 앞장서서 시국선언이라도 해야 한다고 하는데, 저는 이에 관하여 우리 교회가 시국선언이 아닌 순종선언을 했으면 합니다.

이렇게 국론이 분열되어 있을 때에 헌법재판소가 어떤 결정을 내리든, 그 결정에 문제가 있다고 이 단체 저 단체 또는 이 당 저 당에서 시비할 것은 자명합니다. 그러면 지금보다도 더욱 극한 대립이 있을 것이고 사회가 더욱 분열될 것이라고 생각됩니다.

그래서 우리 교회 교우부터라도 법적 최고 양심 기관인 헌법재판소가 어떤 결정을 내리든 간에, 나의 의사와 상반되더라도 그 결정을 전폭적으로 따르겠다는 순종선언을 했으면 합니다.

결과를 겸허하게 받아들이는 모습을 전 세계에 보인다면 그야말로 큰 위기의 순간마다 다시 일어서는 대한민국의 저력을 자랑할 수 있을 것이라고 생각합니다. 그래서 대통령보다도, 국회의원보다도, 어느 시민 단체보다도 더 우수한 국민들이라는 것이 세계에 알려졌으면 좋겠습니다.

그렇다. 이것이 바로 요셉의 저력이었다. 시국선언이나 불평선언하지 않고 영혼의 눈을 떠서 하나님을 신뢰하며 순종선언하는 것, 이것이야말로 요셉의 저력이었다. 이제 이 요셉의 저력이 진짜 우리 그리스도인의 저력이 되게 하자. 사형선고를 받은 것 같은 너무도 답답한 상황이 닥쳤을 때 낙심선언, 포기선언하지 말고 순종선언을 하자. 나를 살리시고 새롭게 하실 주님을 향해 순종선언의 깃발을 들자.

그렇게 순종선언할 때 우리에게는 어떤 변화가 나타날까? 우리는 요셉처럼 노예의 삶에서 일어나 당대 최고의 지도자로 우뚝 설 것이다. 최악의 순간은 최상의 순간으로 역전될 것이다. 고통의 순간에도 하나님의 교훈을 받을 것이다. 지금 당장이 아니라 영원의 삶을 볼 줄 아는 마라토너의 긴 호흡을 갖게 될 것이다. 잘 모르는 미래를 알려고 발버둥치기보다 현실에 충실할 것이다. 하나님 편에서 분명한 삶의 원칙을 세우며, 어떠한 상황에서도 낙심하지 않을 것이다. 하나님을 두려워하고 사람을 두려워하지 않을 것이다. 다른 이의 필요를 채우고, 모든 사람으로 화목케 할 것이다. 하나님의 섭리 안에서 감사하며, 늘 꿈꾸는 자로 인생을 살 것이다.

이 사실 앞에서 과연 내가 그런 삶을 살 수 있을까 반신반의하는 우리를 향해 하나님께서는 천둥만큼이나 우렁차면서도 동시에 봄볕만큼이나 따사로운 음성으로 이렇게 말씀하신다.

"얘야! 어떤 상황에서도 낙심하지 마! 어떤 상황에서도 불평하지 마! 너는 예전에 마귀의 포로였어. 마귀의 노예 생활을 하고 있었어. 그런데 내가 너를 예수의 핏값으로 샀어. 내 자녀로 삼았어. 너는 이제 하나님 나라의 왕자야. 내가 너에게 모든 권한을 줬어!"

예수님이 십자가에서 흘리신 피의 대가로 노예 같은 비천한 우리가 하나님 나라의 왕자로, 왕녀로 택함을 입었다. 하나님은 지금 바로 내가 요셉과도 같은 이런 대반전大反轉의 삶을 살 수 있다고 말씀하시는 것이다.

이제 신수성가의 삶을 살겠다고 결심하라
이 책의 주인공 요셉은 구약에 나타난 예수님이라고 말할 수 있을 정도다. 구약시대 요셉의 삶은 예수님이 살아가실 삶의 모형이며 예표였다. 이 요셉의 삶을 묵상하는 동안에 다람쥐 인생, 타이어 인생이 모퉁잇돌 인생, 영적으로 성공하는 인생이 되기를 희망한다.

이 책을 통해 많은 그리스도인이 한국 교회의 회복, 다음 세대의 부흥이라는 열매를 맺기 위해 자신이 먼저 썩는 밀알이 되기로 결단하고 순종할 수 있기를 바란다. 먼저 새롭게 되기를 원한다.

우리 모두 하나님께서 함께하실 때 누리는 신수성가의 은혜로, 노예 신분에서 당대 최대 제국의 지도자가 되는 대반전의 역사를 쓰는 주인공들이 되어 보자.

주후 2007년 12월
요셉처럼 순종선언을 통한 신수성가를 소원하며
오정현 사랑의교회 담임목사

차례

머리말
나는 모든 상황에서 하나님의 주권과 섭리를 인정하겠습니다 · 5

순종선언 하나
**나는 고통과 실패 속에서도
하나님의 교훈을 따르겠습니다** 창 37:1-11 · 19

순종선언 둘
**나는 마라토너의 긴 호흡과 안목으로
인생을 살겠습니다** 창 37:12-36 · 37

순종선언 셋
**나는 모르는 미래보다
오늘 삶의 현장에서 최선을 다하겠습니다** 창 39:1-6 · 61

순종선언 넷
**나는 하나님 편에서
분명한 삶의 원칙을 세우겠습니다** 창 39:6-18 · 85

순종선언 다섯
**나는 어떤 상황에서도
낙심하지 않겠습니다** 창 39:19-40:4 · 109

순종선언 여섯

**나는 모든 상황에서
사람을 두려워하지 않겠습니다** 창 41:1-36 · 129

순종선언 일곱

**나는 다른 이의 필요를
채우는 사람이 되겠습니다** 창 41:37-42:25 · 155

순종선언 여덟

**나는 모든 사람으로
화목케 하는 사람이 되겠습니다** 창 44:1-34 · 183

순종선언 아홉

**나는 하나님의 섭리 안에서
감사하는 삶을 살겠습니다** 창 45:1-8 · 201

순종선언 열

**나는 하나님 안에서
항상 꿈꾸는 자로 살겠습니다** 창 48:1-22, 50:15-26 · 223

맺음말 · 248

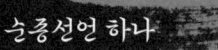
늘중선언 하나

나는 고통과 실패 속에서도
하나님의 교훈을 따르겠습니다

창 37:1-11

불행과 실패와 문제에서
인생의 큰 교훈을 배우는 것이야말로
모든 상황 속에서
하나님의 섭리와 주권을 인정하는 태도이다.

요셉의 삶에서 우리는 무엇을 보아야 하는가?

성경을 한마디로 요약하면 구원의 역사이다. 좀 더 구체적으로 말하자면 하나님께서 사람을 어떻게 다루시는가를 담은 그분의 스토리라고 할 수 있다. 성경은 평범한 사람들의 삶 속에 하나님께서 개입하셔서 약속한 말씀을 이루어 놓으신 행적기요, 언약의 서판이요, 증거의 돌비라고 할 수 있다.

이제 요셉이라는 한 인물의 삶 속에 개입하신 하나님의 주권과 섭리의 역사를 한 걸음 한 걸음 추적해 보고자 한다. 그 발걸음 가운데 우리는 평안한 삶과 고통스런 삶의 양면을 모두 바라보게 될 것이다. 살다 보면 하나님의 축복으로 창공의 독수리처럼 하늘을 향해 날아오를 때도 있지만, 온종일 끝도 없이 메마른 땅을 걸어갈 때도 있다.

그런데 우리네 삶에는 이 두 가지가 다 필요하다. 축복을 통해서 천국의 옷자락을 이 땅에서 조금이나마 만져 볼 수 있다면, 역경을 통해서는 이 땅의 쾌락에 중독된 삶에서 깨어나는 은혜를 누릴 수 있다. 이 두 가지 측면을 모두 이해하도록 하나님은 신앙 공동체를 허락하셨다. 우리에게 축복도 허락하시고 역경도 허락하시기 위해, 삶의 역할 모델이 될 사람들을 보내 주셨다. 성경에 등장하는 수많은 인물들이 그러하며, 지금 바로 내 옆에 살고 있는 사람들이 그러하다.

신앙의 세계에 독불장군은 없다. 우리는 서로 영향을 주고받으며 살 수밖에 없는 존재들이다. 그렇다면 부정적인 영향을 받기보다는 요셉과 같은 꿈이 있는 인생, 대반전의 드라마가 펼쳐지는 승리의 인생에게서 긍정적인 영향을 받아야 하지 않겠는가. 날마다 불륜 드라마의 슬픈 주인공에게서 파멸의 영향을 받을 것이 아니라, 요셉과 같은 멋진 믿음의 영웅에게서 형통의 영향을 받아야 하지 않겠는가.

후대에 사는 우리에게 특권이 하나 있다면, 성경 인물들의 처음과 끝을 다 알고 있다는 것이다. 성경 속 인물을 지금 우리 앞에 놓인 말씀 가운데 깊숙이 들여다보면서 관망하고 조명할 수 있다. 그리하여 신앙의 선배들이 삶의 위기 가운데 경험한 그 참혹한 상처를 몸소 겪지 않고서도 그들이 가졌던 금쪽같은 삶의 통찰력을 얻을 수 있다.

요셉은 극심한 고통 가운데서도 하나님의 주권과 섭리를 인정하며 그분의 교훈을 따라 묵묵히 살아 냈다. 이제 간접 체험을 통해 그가 가졌던 이 기가 막힌 통찰력을 내 것으로 만들어 보자.

요셉의 고통은 가정에서부터 시작되었다

요셉이라는 이름을 들으면 흔히 세 가지 장면이 떠오른다.

첫 번째는 아버지 야곱이 그 아들 요셉을 편애하는 장면이다.

야곱에게는 정실부인이 둘, 첩이 둘 있었다. 부인 많다고 좋아할 일이 전혀 아니다. 야곱은 여자 때문에 정말 죽을 고생을 했다. 진심으로 사랑하는 아내 라헬을 얻기 위해 7년을 하루같이 14년 동안 말 못할 고생을 했다. 바로 그런 라헬에게서 야곱은 말년에 사랑하는 아들 요셉을 늦둥이로 얻었다. 가장 사랑하는 아내가 낳았고, 또 늦둥이로 낳았기에, 야곱은 요셉을 볼 때마다 이렇게 말했을지도 모르겠다. "요 눈에 넣어도 하나도 아프지 않을 내 새끼."

두 번째는 요셉이 그 아버지 앞에서 충성과 성실을 다하는 장면이다. 아버지가 자신을 사랑하니까 아버지 앞에 정성을 다하는 것이 당연한 반응이었다고 생각한다면 요셉에게서 배울 중요한 영적 교훈을 놓칠 수 있다.

요셉은 세상 어떤 드라마에서도 볼 수 없는 극적인 삶을 살았다. 삶의 풍상이 모질었다. 찬바람과 된서리를 만났다. 말로 다 할 수 없는 고통을 겪었다. 그런 가운데서도 일관되게 자신의 삶을 추슬러 하나님 앞에서는 충성되게, 사람들 앞에서는 성실하게 산다는 것은 쉬운 일이 아니다. 진짜 성실이란 온갖

내적 갈등과 감정의 소용돌이 속에서도 일관되게 자신의 삶을 추스르는 것을 말한다. 바로 그런 성실로 요셉은 아버지를 섬겼다.

세 번째는 형들이 요셉을 향해 불같이 질투하고 분노하며 급기야 인간적인 잔인함을 드러내는 장면이다. 그런데 형들은 왜 요셉을 그다지도 미워했던 것일까. 형들이 요셉을 미워하게 된 데는 몇 가지 이유가 있었다.

하나는 꿈 때문이었다. "우리가 밭에서 곡식 단을 묶더니 내 단은 일어서고 당신들의 단은 내 단을 둘러서서 절하더이다" 창 37:7. "해와 달과 열한 별이 내게 절하더이다" 창 37:9.

또 다른 하나는 채색옷 때문이었다. 야곱은 요셉을 위해 채색옷을 지어 입혔다. "요셉은 노년에 얻은 아들이므로 이스라엘이 여러 아들들보다 그를 더 사랑하므로 그를 위하여 채색옷을 지었더니" 창 37:3.

가끔 이렇게 질문하는 사람들이 있다.

"목사님, 채색옷이 뭔지는 몰라도 뭐 색동저고리 같은 것 아니겠습니까? 그걸 동생이 좀 입었기로서니 그게 사람을 죽이고 싶을 만큼 화나는 일이었을까요?"

우리는 흔히 이 채색옷을 때때옷 같은 거라고 생각한다. 하지만 창세기에 정통한 주경학자 알렌 로스는 채색옷에 대해 이렇게 표현한다. "야곱이 채색옷을 준 행위는 단순히 요셉을 사랑하는 아비의 편애를 표현한 정도가 아니었다. 그것은 맏아들 르우벤으로부터 장자권을 빼앗아 자신이 사랑하는 아내 라헬의 장자였던 요셉에게 주려 했던 행위로 볼 수 있다."

이 채색옷은 히브리 원어로 '소매가 달린 긴 채색옷'이라는 뜻이다. 이 옷은 작업복도 아니고 평상복도 아니었다. 중요한 것은 그 옷의 용도가 아니라 의미였다. 소매가 달린 긴 옷은 아무나 입을 수 있는 옷이 아니었고 왕이나 주인이 입는 옷이었다. 고대 사회에서는 옷을 보면 그 사람의 신분을 알 수 있었다. 왕이 즉위하거나 신하가 큰 공을 세웠을 때는 어김없이 소매 달린 긴 옷을 입었다. 따라서 요셉에게 채색옷을 입혔다는 것은 아버지 야곱이 누구에게 장자권長子權을 물려줄 것인지 무심결에 암시한 것이었는지도 모른다.

사실 야곱 입장에서는 별 의도 없이 요셉에게 채색옷을 지어 입혔을 수도 있다. 하지만 그것을 지켜보는 형들의 입장에서는 심각한 일이었다. 히브리 민족에게 장자권은 곧바로 축복권과 직결되기 때문이다.

따지고 보면 야곱은 장자권이 얼마나 큰 분란거리가 될 수 있는지 잘 알고 있었다. 그야말로 장자권 문제로 평생 고통당해 본 당사자가 아니었던가. 형 에서의 장자권을 차지하는 대가로 거짓말이라는 죄를 범했으며, 결국 형의 원한을 산 까닭에 사랑하는 어머니 리브가와 헤어져 눈물의 타향살이를 해야 했다. 그의 가정은 크나큰 분란을 겪었고, 회복될 수 없는 고통의 세월을 보내야 했다. 그랬기 때문에 어쩌면 그는 깊이 사랑하는 아들 요셉에게 자신이 늙기 전에 장자권을 '안전하게' 물려주고 싶었는지도 모른다.

아버지의 일생을 누구보다도 잘 아는 야곱의 아들들은, 당연히 형들을 제치고 요셉에게 채색옷을 지어 입혔다는 사실에 민감해질 수밖에 없었으리라. 어려도 한참 어린 동생 요셉의 장자권을 인정하기가 죽어도 싫었을 것이다. "그의 형들이 아버지가 형들보다 그를 더 사랑함을 보고 그를 미워하여 그에게 편안하게 말할 수 없었더라"창 37:4.

물론 요셉이 축복된 환경에서 태어난 것은 사실이었다. 세상에 어느 열일곱 살짜리 틴에이저가 자기 증조할아버지는 아브라함이고, 자기 할아버지는 이삭이고, 자기 아버지는 야곱이겠는가. 이런 대단한 신앙 명문가에 태어난다는 게 어디 쉬운 일인가. 하지만 그렇다 쳐도 요셉이 결코 순탄한 환경에서 자란 것은 아니었다.

일단 아버지 야곱은 사기꾼이었다. 형 에서가 그의 이름을 야곱이라 함이 합당하다고창 27:36 인정했을 정도로 말이다. '야곱'이란 말에는 속이는 자, 발꿈치를 붙잡은 자, 사기꾼이라는 뜻이 포함되어 있다. 이름처럼 야곱은 능숙하게 사람을 속였던 자이다.

게다가 엄마가 넷이나 되었다. 요셉은 태어나면서부터 혼란스러웠을 것이다. 누가 진짜 엄마인지 얼마나 헷갈렸겠는가.

또 어느 날 외할아버지 라반과의 관계가 어려워지자 아버지 야곱이 온 가족을 이끌고 하란에서 야반도주를 했다. 정들었던 외가 식구들과 이별의 키스도 못 한 채 도망 나와 버렸으니, 어린 요셉이 이런 상황을 받아들이기 얼마나 힘들었을지 쉽게 짐작할 수 있다. 그 후 아버지가 어쩔 수 없이 고향으로 돌아가 큰아버지 에서와 극적으로 화해하기까지 그는 줄곧 불안에 떨었을 것이다.

세겜에서는 여동생 디나가 성폭행당했고, 이에 형들이 가만히 있지 않고 세겜족 남자들을 몰살해 버린 복수의 광란극을 지켜보아야 했다. 뿐만 아니라 어머니 라헬은 요셉이 어렸을 때 일찍 죽었다. 열다섯 살에는 사랑하는 할아버지 이삭도 세상을 떠났다.

또 형들한테는 늘 왕따를 당했다.

열일곱 살밖에 되지 않은 요셉은 이런 험악한 일들을 나면서부터 다 겪어 온 것이다. 과연 우리 중에 누가 이만한 고통과 좌절을 경험했겠는가? 이렇게 어려운 환경 속에서 청소년기를 보낸다면 보통은 절망과 좌절 속에 찌들어 갔을 텐데, 요셉은 심령이 무너질 수밖에 없는 최악의 상황 속에서도 고귀한 성품과 믿음을 지닌 하나님의 사람으로 훈련되고 있었다.

요셉은 고통과 실패에서도 하나님의 교훈을 따르며 은혜를 놓치지 않았다.

요셉은 하나님이 주신 꿈을 고통 중에도 잘 간직했다

요셉은 그 어려운 상황 속에서도 계속해서 꿈을 꾸었다 창 37:5-11. 또 꿈을 잊지 않고 기억했다 창 42:9. 아무리 꿈의 사람 요셉이라고 해도 날마다 꿈을 꾸지는 않았을 것이다. 하지만 그는 자신이 꾼 꿈들을 잘 간직했다.

하나님이 주신 꿈을 평생 살아가는 동안 끝까지 잘 간직하고 있는가, 바로 이것이 특별한 사람과 보통 사람을 가르는 결정타이다. 이것은 또한 내가 갖고 있는 꿈이 하나님이 주신 꿈인지, 아니면 개꿈인지를 판단할 수 있는 근거이기도 하다. 개꿈이나 내가 부풀린 꿈은 얼마 안 가 사그라지지만, 하나님이 주신 꿈은 성취될 때까지 지속되는 법이다.

예수 믿고 구원받았다면 누구나 하나님께 꿈을 받는다. 어쩌면 기도하다가 얼핏 한 번 지나가는 것처럼 주셨을지도 모른다. 그런데 그 꿈을 잊지 않고 한결같이 집중해서 달려가는 사람이 있는가 하면, 아차 하는 순간 놓쳐 버리는 사람도 있다. 어떤 상황에서도 좌절하지 않고, 게으름 피우지 않고, 꿈을 잡는 것은 내 몫이다. 그렇다면 도대체 요셉은 어떻게 그런 좌절할 수밖에 없는 상황 속에서도 터무니없어 보이기만 하는 꿈을 간직할 수 있었던 것일까.

고통과 실패, 문제에서 하나님의 교훈을 받으라

어떤 상황에서든 꿈을 놓치지 않았던 요셉은 고통과 실패, 문제를 통해서도 교훈을 받았다. 물론 우리도 고통과 실패, 문제들 속에서 무엇인가를 배운다. 어떤 사람은 남 원망하는 것을 배우고, 어떤 사람은 술과 담배와 도박을 배운다. 요는 실패를 통해 어떤 교훈을 받느냐이다.

또 자신의 실패를 통해 교훈 받는 것도 중요하지만 남의 실패를 통해서 배우는 것은 더 중요하다. 요셉은 기막히게 불행한 삶의 조건들 속에서 오히려 성공의 밑거름과 기회를 발굴해 내었다. 그런 인물이었기에 마침내 남을 살리는 위대한 사람이 될 수 있었으리라.

요셉이 여섯 살이었을 때 그의 식구들은 외할아버지 라반의 집에서 야반도주를 했다. 이 장면에서 어린 요셉은 떳떳지 못한 인간관계는 좋지 못한 결과를 낳는다고 깨달았을 것이다. 또 아버지가 큰아버지 에서를 마음속으로 두려워하며 힘들어

하고 전전긍긍하는 것을 보면서는 정직하지 못하면 저렇게 불안에 떨어야 하는구나 생각했을 것이다. 그리고 정직하게 살면 당장에는 손해 볼 수도 있겠지만, 20년 뒤를 생각한다면 전혀 손해 볼 것이 없다는 교훈도 받았을 것이다.

한편, 세겜에서 여동생 디나가 성폭행당하여 형들이 세겜의 모든 남자를 죽이는 살육의 광란극을 벌였을 때는, 잔인한 복수는 가문의 위신을 실추시키는 것은 물론 생명까지도 위태롭게 한다는 것을 배웠을 것이다. 아울러 용서는 남을 위해서가 아니라 나를 위해서 반드시 필요하다는 것도 배웠을 것이다.

세겜 복수 사건 이후, 야곱은 정신을 차리고 벧엘로 올라가서 제단을 다시 쌓았고 거기서 회복의 은혜를 받았다. 그때 요셉은 정말 중요한 것은 하나님과 나와의 관계를 올바로 하는 것이며, 인생에서 최우선순위는 하나님과의 올바른 관계임을 깊이 체득했을 것이다.

또 할아버지 이삭에게서는 고통과 미움을 껴안는 법도 배웠을 것이다. 많은 성경학자들은 요셉에게 멘토로서 큰 영향을 끼친 사람은 이삭이었을 것으로 주장하고 있다. 어려서 엄마 라헬이 죽은 뒤, 아마도 요셉은 할아버지 이삭과 많은 시간을 보냈을 것이기 때문이다. 이삭 할아버지는 우물 사건 같은 사례들을 들어가며 아량과 포용과 용서의 중요성에 대해 자주 들려주었을 것이며, 그때 요셉은 할아버지 이삭을 통해 온유와 포용과 인내를 배웠을 것이다.

　요셉은 어려운 환경, 좌절할 수밖에 없는 고통스러운 상황을 귀한 교훈으로 받아들였다. 자기의 약점과 부족함을 오히려 강점으로 바꾸어 놓았다. 이렇듯 불행과 실패와 문제에서 인생의 큰 교훈을 배우는 것이야말로 모든 상황 속에서 하나님의 섭리와 주권을 인정하는 태도이다. 하나님이 그런 상황을 허락하신 데는 내가 그 속에서 얻어야 할 유익이 반드시 있기 때문이다.

　일본 사람들에게 정신적 지주로 존경받는 마쓰시타 고노스께라는 경영자가 있다. 마쓰시타는 일본 가전업체 마쓰시타松下 전기산업의 창업주이고 '내셔널'이라는 상표로 유명해진 사람이다. 그런 대그룹의 창업자이지만 그는 초등학교도 나오지 못했고 집안 배경도 미미했다. 그런 그가 어떻게 일본 최고의 존경받는 경영인이 될 수 있었는지, 그 성공 비결을 묻는 사람들에게 마쓰시타 고노스께는 이렇게 대답했다.

　"가난했기에 직공으로 밑바닥에서부터 인생 경험을 쌓을 수 있었고, 몸이 약했기에 운동을 부지런히 하여 튼튼해졌고, 초등학교도 제대로 졸업하지 못했기에 세상 사람 모두를 스승으로 여기며 언제나 공부하였다."

　자신의 약점을 장점으로 승화시킨 대표적인 사례라 할 수 있다.

불행은 성공의 가장 큰 열쇠임을 기억하라

요셉은 자신의 불행했던 가정환경에서 오히려 성공의 단서들을 찾아내어 평생 꿈을 지켜 내는 원동력으로 삼았다.

불과 반세기 전만 해도 세계에서 제일 가난한 나라로 꼽혔던 우리나라도 요셉처럼 배고픔과 눈물을 자양분으로 삼아 오늘의 번영에 이르게 된 경험을 가지고 있다. 김충배 육사 교장이 육사 생도들에게 다음과 같은 강연을 한 적이 있다. 어른 없는 이 시대에 자라나는 다음 세대들을 향해 우리 한국 사회가 과거에 어떤 곤란과 어려움을 헤치고 오늘 여기까지 왔는지 알았으면 좋겠다는 취지에서 한 강연이었다.

1964년 우리나라는 서독이 필요로 하는 간호사와 광부를 보내고 그들의 봉급을 담보로 1억 4천만 독일마르크를 빌렸다. 고졸 출신의 파독 광부를 500명 모집하는데, 4만 6천 명이 몰려들었다. 그들 중에는 정규대학을 나온 학사 출신도 수두룩했다. 파독 광부 면접을 볼 때 손이 고와서 떨어질까 봐 까만 연탄을 손에 비벼서 합격한 사람도 많았다.

서독 비행기가 도착한 김포공항은 간호사와 광부들의 가족 친지들이 흘리는 눈물로 통곡의 바다가 되었다. 마침내 낯선 땅 서독에 도착한 우리 어린 간호사들은 시골 병원에 뿔뿔이 흩어졌다.

말도 통하지 않는 이국땅에서 이 간호사들에게 처음 맡겨진 일은 병들어 죽은 사람의 시신을 닦는 일이었다. 어린 간호사들은 울면서 거즈에 알코올을 묻혀 딱딱해진 시체를 이리저리 굴리며 닦았다. 온종일 닦고 또 닦았다.

남자 광부들은 지하 1,000미터 깊은 땅속에서 뜨거운 지열을 받으며 일했다. 서독 사람들이 하루 8시간 일한 데 비해 우리 광부들은 10시간 이상을 그 깊은 곳에서 일했다. 그것을 보면서 서독의 신문, 방송은 "세상에 어쩌면 저렇게 억척스럽게 일할 수가 있는가? 저들이야말로 코리안 엔젤이구나"라며 가난한 한국에서 온 여자 간호사들과 남자 광부들에게 대단한 민족이라며 찬사를 보냈다.

얼마 뒤 뤼브케 대통령의 초청으로 박 대통령이 서독을 방문하게 되었다. 고국의 대통령이 온다는 소식에 수백 명의 광부, 간호사들이 강당에 모였다. 박 대통령과 수행원들이 강당에 들어섰을 때 작업복 차림의 광부들은 시커멓게 그을린 얼굴을 하고 있었다. 광부들로 구성된 악대가 애국가를 연주했다. 애국가는 뒤로 갈수록 제대로 이어지지 못했다. 애국가가 후렴으로 넘어가는 대목에서 합창은 흐느낌으로 변했다. 마지막 소절인 "대한 사람 대한으로"에 이르자 가사는 들리지 않고 대신 통곡이 이어졌다.

통역관으로 박 대통령을 수행했던 배영훈 씨는 그때 흘렸던 간호사들과 광부들의 눈물이 조국 근대화의 시발점이었다고 말했다.

이처럼 지난했던 우리 역사를 생각해 본다면, 지금 우리나라가 월드컵을 개최하고 세계 10위의 경제대국이 된 것이 그저 놀랍기만 하다. 우리가 지금 이 정도의 풍요를 누릴 수 있게 된 것은 바로 이 광부와 간호사들과 베트남 전쟁 세대가 있었기 때문임을, 선대 어른들이 흘린 피와 땀과 눈물이 있었기 때문임을 결코 부인할 수 없다. 바꿔 말한다면, 이 기막힌 불행의 역사가 있었기에 우리나라는 경제부국이라는 꿈을 놓치지 않고 여기까지 달려올 수 있었던 것인지도 모른다.

위기는 가장 큰 기회다. 불행은 성공의 가장 큰 열쇠다. 고통 가운데서도 요셉처럼 하나님 앞에서는 충성을, 사람들 앞에서는 성실을 지켜야 한다. 그러는 가운데 미움과 시기와 질투의 공격을 받는다 할지라도 승리를 확고히 믿으며, 좌절된 상황에서도 하나님이 주시는 교훈을 받아들이자. 고통스런 환경과 현상 속에서도 꿈을 잃지 말고 교훈을 배워서, 더욱 견고히 꿈을 간직하자. 무너진 꿈을 회복하여 주님 앞에 영광스럽게 쓰임 받을 수 있도록, 죽은 자를 살리시며 없는 것을 있게 하시는 하나님의 그 귀한 역사를 우리 모두가 누리자.

순종선언 하나

나는 고통과 실패 속에서도
하나님의 교훈을 따르겠습니다

요셉의 삶에서 우리는 무엇을 보아야 하는가?

살다 보면 하나님의 축복으로 창공의 독수리처럼 하늘을 향해 날아오를 때도 있지만, 온종일 끝도 없이 메마른 땅을 걸어갈 때도 있다. 요셉은 극심한 고통 가운데서도 하나님의 주권과 섭리를 인정하며 그분의 교훈을 따르는 삶을 묵묵히 살아 냈다. 요셉의 삶 속에 개입하신 하나님의 주권과 섭리의 역사를 한 걸음 한 걸음 추적해 보자.

요셉의 고통은 가정에서부터 시작되었다

아버지 야곱은 사기꾼이었다. 엄마가 넷이나 되었다. 어느 날 외할아버지 라반의 집에서 야반도주했고, 큰아버지 에서를 만날 때까지 불안에 떨었다. 세겜에서는 여동생 디나가 성폭행당했고, 어머니 라헬과 할아버지 이삭도 요셉이 어렸을 때 죽었다. 형들에게는 늘 왕따를 당했다. 그러나 요셉은 이런 고통과 실패 가운데서도 하나님의 교훈을 따르며 은혜를 놓치지 않았다.

요셉은 하나님이 주신 꿈을 고통 중에도 잘 간직했다

예수 믿고 구원받았다면 누구나 하나님께 꿈을 받는다. 어쩌면 기도하다가 얼핏 한 번 지나가는 것처럼 주셨을지도 모른다. 그런데 그 꿈을 잊지 않고 한결같이 집중해서 달려가는 사람이 있는가 하면, 아차 하는 순간 놓쳐 버리는 사람도 있다. 어떤 상황에서도 좌절하지 않고 게으름 피우지 않고 꿈을 잡는 것은 내 몫이다.

고통과 실패, 문제에서 하나님의 교훈을 받으라

요셉은 어려운 환경, 좌절할 수밖에 없는 그 고통스러운 상황을 귀한 교훈으로 받아들였다. 자기의 약점과 부족함을 오히려 강점으로 뒤바꾸어 놓았다. 이렇듯 불행과 실패와 문제에서 인생의 큰 교훈을 배우는 것이야말로 모든 상황 속에서 하나님의 섭리와 주권을 인정하는 태도이다.

불행은 성공의 가장 큰 열쇠임을 기억하라

위기는 가장 큰 기회다. 불행은 성공의 가장 큰 열쇠다. 고통 중에도 요셉처럼 하나님 앞에서는 충성을, 사람들 앞에서는 성실을 지켜야 한다. 그러다 미움과 시기와 질투의 공격을 받는다 할지라도 승리를 확고히 믿으며, 좌절된 상황에서도 하나님이 주시는 교훈을 받아들이자. 고통당하는 환경과 현장 속에서도 꿈을 잃지 말고 교훈을 배워서, 더욱 견고히 꿈을 간직하자. 무너진 꿈을 회복하여 주님 앞에 영광스럽게 쓰임 받을 수 있도록, 죽은 자를 살리시며 없는 것을 있게 하시는 하나님의 그 귀한 역사를 우리 모두가 누리자.

순종선언 기도문 ● 하나 ●

PRAYER

주님, 요셉의 삶 속에 개입하신 하나님의 주권과 섭리의 역사를 한 걸음씩 한 걸음씩 배우겠습니다. 요셉처럼, 하나님의 축복으로 독수리같이 하늘을 향해 날아갈 때뿐 아니라, 온종일 메마른 땅을 걸어갈 때도 주님의 교훈을 따르겠습니다. 어떠한 상황이 닥쳐오더라도 꿈을 간직하겠습니다. 저의 약점과 부족함을 오히려 강점으로 뒤바꾸어 놓겠습니다. 불행은 성공의 가장 큰 열쇠임을 기억하겠습니다. 고통과 실패를 가장 빛나는 성공의 발판으로 삼겠습니다. 실패한 그 자리에서, 손가락질받는 그 현장에서 다시 시작하겠습니다. 상황 탓하며, 사람 원망하며 할 일을 게을리하지 않겠습니다. 하나님께 충성하고 사람에게 성실하겠습니다. 노력하겠습니다. 어떤 상황에서도 좌절하지 않고 꿈을 향해 집중하겠습니다. 그래서 결국 남을 살리는 사람이 되겠습니다. 하나님이 주신 꿈을 이루겠습니다. 예수 그리스도의 이름으로 간절히 기도드립니다.

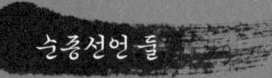

나는 마라토너의 긴 호흡과 안목으로 인생을 살겠습니다

창 37:12-36

요셉의 인생을 보라.
그는 하나님이 주신 꿈을 믿고
멀리 있는 소망을 바라보며 한 발 한 발 순종하며 나아갔다.
만약 마라토너와 같은 긴 호흡과 안목이 없었다면
그는 성경의 위대한 인물이 되지 못했을 것이다.

꿈꾸는 자는 영적 마라토너이다

전국적으로 달리기 열풍이 불었을 때, 나도 운동 삼아 달리기를 해 볼까 생각한 적이 있다. 뱃살은 확실하게 빠질 것 같았기 때문이다. 한번은 하프 마라톤에 열성적으로 참가하고 있는 사람들에게 왜 달리기를 하는지 물어보았다.

"달리기를 하면 뭐가 좋기에 그렇게 열심입니까? 기분이 좋습니까?"

"말도 마십시오. 죽을 지경입니다. 오죽하면 올림픽 금메달을 딴 마라토너도 이렇게 말하지 않았습니까? 마라톤 연습하는데 '달려오는 자동차 바퀴에 뛰어들고 싶었다'고요. 우리는 42.195킬로미터를 다 뛰지도 않는데 숨이 차서 죽을 것 같고, 포기하고 싶은 순간이 한두 번이 아닙니다. 내가 이걸 왜 또 했을까 싶지요. 그런데 다 뛰고 나서는 엄청 기쁘죠. 죽을 것 같은 순간, 포기하고 싶은 순간을 참고 끝까지 달렸다는 것이 나 자신에게 위로가 되어 힘이 막 솟아납니다. 어떤 상황도 이길 수 있다는 생각이 드는 거죠. 밥맛이 확 돕니다.

그런데 사실은 말입니다. 다 뛰고 났을 때의 그 기쁨을 알기 때문에 참고 달릴 수 있는 겁니다. 한 걸음 내딛기 힘든 것만 생각해서는 절대 못 달립니다. 긴 안목과 긴 호흡을 가지고 지금 이 순간이 고통스러워도 이 순간을 넘어서면 내 육체가 건강해지고 내 정신이 건강해지는 그 기쁨을 알기 때문에 달리는 거죠. 기쁨이 없다면 왜 달리겠습니까?"

그렇다. 우리의 신앙 여정에, 인생 여정에 정말 필요한 것은 바로 마라토너와 같은 긴 안목일 것이다.

독수리는 밑에서 아등바등하지 않는다. 높이 날아서 전체를 한눈에 훑어본다. 마라토너는 당장 1, 2킬로미터를 잘 뛰는 것이 목표가 아니다. 42.195킬로미터의 장거리를 잘 뛰는 것이 목표다. 호흡이 길다. 지금 내게 닥친 상황이 인생의 전부가 아니다. 오늘은 인생이라는 퍼즐의 한 조각일 뿐이다. 하루하루 삶의 조각조각을 붙들고 있지 말고, 앞으로 나타날 영광을 내다보며 한 발자국 한 발자국 힘차게 내딛는 마라토너의 긴 호흡이 필요하다. 독수리의 긴 안목이 필요하다.

요셉의 인생을 보라. 그는 하나님이 주신 꿈을 믿고 멀리 있는 소망을 바라보며 한 발 한 발 순종하며 나아갔다. 만약 마라토너와 같은 긴 호흡과 긴 안목이 없었다면 그는 성경의 위대한 인물이 되지 못했을 것이다.

꿈을 이루려면 치러야 할 대가가 있음을 기억하라

브니엘에서 천사와 밤새도록 씨름해서 하나님께 '이스라엘'이라는 새 이름을 받았던 야곱의 생업은 목축이었다. 그랬기에 늘 풍성한 목초지가 어디 있느냐가 그의 관심사였다. 창세기 33장 18절에서 야곱이 세겜 땅에 자리를 잡았던 것도 그런 맥락에서 이해할 수 있다. 그 후 야곱의 가족이 하나님의 뜻을 따라 헤브론으로 거처를 옮기기는 했으나 여전히 목축에 적합한 곳은 세겜이었다. 세겜 땅은 야곱이 있는 헤브론에서 2, 3일 정도 걸리는 거리에 있었는데, 본래 목초지가 풍성한 곳으로 소문난 곳이었다. 바로 그 세겜 땅에서 야곱의 열 아들이 양 떼를 먹이고 있었다. "그의 형들이 세겜에 가서 아버지의 양 떼를 칠 때에 이스라엘이 요셉에게 이르되 네 형들이 세겜에서 양을 치지 아니하느냐 너를 그들에게로 보내리라"창 37:12-13.

형들은 집을 떠나 세겜에서 양 떼를 몰고 있는데 요셉 혼자 집에 있었던 것을 보면, 형제들 사이에서 정말 왕따였던 것 같다. 어쩌면 아버지 야곱은 요셉한테는 일절 일을 시키지 않았는지도 모른다.

그런데 야곱은 왜 갑자기 마음을 바꾸어 총애하는 아들 요셉을 형들에게 보냈던 것일까? 성경학자들이 여러 가지 추측을 했는데, 그중 이런 해석이 있다.

야곱의 가족들이 삼촌 라반의 집을 떠나 고향으로 돌아오던 길에 그의 딸 디나가 성폭행당하는 사건이 벌어졌다. "히위 족속 중 하몰의 아들 그 땅의 추장 세겜이 그를 보고 끌어들여 강간하여 욕되게 하고"창 34:2. 세겜은 디나를 정말 사랑해 결혼하기를 청했지만, 이 사건에 이성을 잃을 만큼 분노한 형제들은 할례를 하면 디나를 주겠다고 속여 잔인한 살육 보복전을 펼쳤다. "제삼일에 아직 그들이 아파할 때에 야곱의 두 아들 디나의 오라버니 시므온과 레위가 각기 칼을 가지고 가서 몰래 그 성읍을 기습하여 그 모든 남자를 죽이고 칼로 하몰과 그의 아들 세겜을 죽이고 디나를 세겜의 집에서 데려오고"창 34:25-26.

이 사건 뒤에야 비로소 야곱은 참담한 마음으로 20년 전 밧단아람으로 도망갈 때 만났던 벧엘의 하나님을 기억하고 진정한 예배자로 거듭났다. 그만큼 야곱의 가족들에게 세겜은 충격적인 기억, 아픈 기억의 장소였다. 그런데 그 끔찍했던 자리에서, 야곱의 아들들이 먹고 살기 위해 양 떼에게 풀을 먹이고 있는 것이다. 아버지 야곱의 입장에서는 혹시 아들들이 지역 주민들과 싸우지는 않는지, 또 다른 사고를 치지는 않는지 노파심이 생겼을 것이다. 그래서 요셉을 정찰병 비슷하게 보내어 잘 지내고 있는지 확인하고 그 지역 사람들과 잘 지내라는 말도 전하고 싶었던 것 같다. "이스라엘이 그에게 이르되 가서 네 형들과 양 떼가 다 잘 있는지를 보고 돌아와 내게 말하라 하고 그를 헤브론 골짜기에서 보내니 그가 세겜으로 가니라" 창 37:14.

《야곱과 그의 형제들》을 쓴 독일의 대문호 토마스 만은 야곱이 요셉을 세겜으로 떠나보낼 때의 마음이 마치 어머니의 심정과 같았을 것이라고 이야기한다. 왜냐하면 헤브론 골짜기에서 요셉을 떠나보낼 때 야곱은 어쩌면 자신의 젊은 시절, 홀로 광야 밤길을 걸어가야 했던 그날의 힘겨움이 새삼 기억났을 것이기 때문이다.

젊은 시절, 야곱이 형 에서를 속여 장자권과 축복권을 빼앗고 나자 에서는 야곱을 죽이겠다고 덤벼들었다. 그래서 야곱은 생명을 보존하기 위해 어쩔 수 없이 도망쳐야 했다. 그때 어머니 리브가는 아마도 그에게 이런저런 당부를 했을 것이다.

"얘야, 광야 길은 이렇게 가거라. 거기는 위험하니까 꼭 저리로만 가거라. 알았니?"

홀로 광야 밤길을 걸어갈 때 야곱은 어머니가 당부하신 한 마디 한마디가 뼈에 사무쳤을 것이다. 깊이 사랑하는 아들 요셉을 멀리 떠나보낼 때 야곱은 당연히 그날 밤을 떠올렸을 것이다.

요셉은 아버지의 배웅을 받으며 드디어 세겜 땅으로 떠났다. 요셉은 세겜까지 가는 동안 자신의 친어머니 라헬이 묻힌 베들레헴에서 어머니를 생각하며 그리움 속에서 밤을 새웠을 것이다. 하룻길을 더 올라가서는 어릴 때부터 아버지 야곱에게 귀에 딱지가 앉도록 들어 눈만 감아도 마치 자신이 그곳에 있는 듯한 착각마저 드는, 그토록 가보고 싶었던 벧엘에서 하룻밤을 유숙했을 것이다. 벧엘은 아버지 야곱이 꿈속에서 하나님을 만났던 곳이며, 야곱의 신앙의 모태가 되었던 곳이다. 요셉은 그곳에서 밤하늘의 별들을 헤아리면서 아버지 야곱이 만났던 하나님을 생각했을 것이다. 그는 아버지 야곱이 그곳에 세운 은혜의 기념비를 어루만지면서 야곱이 그토록 힘들고 외로웠을 때 꿈속에 나타나셨던 하나님을 꿈꾸었을 것이다.

그런데 요셉이 세겜에 도착해 보니 뜻하지 않은 것이 그를 기다리고 있었다. "그 사람이 이르되 그들이 여기서 떠났느니라 내가 그들의 말을 들으니 도단으로 가자 하더라" 창 37:17. 도단으로 형들이 떠났다는 것이다. 도단은 세겜에서 30킬로미터 정도 떨어진 곳이었으니 세겜에서 도단까지 가기는 쉽지 않았을 것이다. 이제는 아버지의 길 안내도 없이 혼자서 먼 길을 가야 했다.

이리하여 요셉은 간신히 형들이 있는 도단에 도착했다. 그런데 요셉이 아직 형들을 발견하기도 전에 형들이 먼저 요셉을 알아보고 "꿈꾸는 자가 오는도다" 창 37:19 라고 빈정거렸다.

어쩌면 그들은 둘러앉아 불을 피우고 고기를 구워 먹으면서 배를 채우고 있었는지도 모른다. 그러나 그들이 육신의 굶주림을 채울수록 오히려 그들의 영혼은 굶주림과 갈증으로 바싹바싹 타고 있었다. 뭐라고 꼬집어 말할 수는 없지만, 무엇인가가 그들의 가슴을 짓누르고 있었다. 토마스 만은 그들의 가슴 속에는 뽑으려야 뽑을 수 없는 가시가 박혀 있었다고 표현한다. 그것은 아마도 분노와 질투의 가시였을 것이다.

그런데 그때 멀리서부터 그들의 가슴을 질투와 분노로 채웠던 채색옷이 눈에 띄었다. 그것을 보는 순간 그들의 가슴에 박힌 가시는 꿈틀거리는 칼날이 되어 그들의 가슴을 헤집기 시작했다. 오랫동안 삭혀야 했던 분노와 고통의 비명소리가 마침내 통로를 찾아 목구멍을 비집고 흘러나왔다. "자, 그를 죽여 한 구덩이에 던지고 우리가 말하기를 악한 짐승이 그를 잡아먹었다 하자 그의 꿈이 어떻게 되는지를 우리가 볼 것이니라" 창 37:20.

이제 요셉에게 큰 환난이 닥치게 되었다. 분명히 하나님이 보여 주신 꿈을 가지고 있었는데, 그 꿈이 이루어지기는커녕 이렇게 차갑고 기가 막힌 현실과 마주하게 된 것이다. 만약 내가 요셉이라면 이러한 상황에서 어떻게 했을까.

인생에는 이러한 순간들이 때때로 찾아온다. 예수 믿고 구원받아 장차 망할 이 성에서 저 천성을 향해 가는 그리스도인의 삶에 하나님은 영생의 꿈을 주신다. 남들을 살리는 영적 성공에 대한 꿈을 주신다. 하지만 난데없이 "그를 죽여서 구덩이에 던져 버리자"와 같은 차가운 현실이 곧 닥쳐오는 것이다. 꿈을 꾸었다고 해서, 꿈이 있다고 해서 그 꿈이 금방 이루어지는 것은 아니다. 꿈이 귀한 만큼 거기에는 치러야 할 대가가 반드시 따르기 마련이다. 요셉의 경우에도 꿈을 이루는 데 대가를 지불했다. 우리도 요셉처럼 마라토너의 긴 호흡과 안목으로 절망하지 말고 그런 대가들을 치러내야겠다고 결심해야 한다.

그렇다면 꿈을 위해 지불해야 할 대가가 무엇인지 요셉의 생애를 좀 더 따라가며 살펴보자.

시기심과 질투와 거짓이라는 공격을 인내하라

그날도 요셉의 패션은 채색옷이었다. 요셉이 다가오자 형들은 반갑다는 말 한마디 없이, 장자권의 증표요 아버지의 사랑의 증거인 그 채색옷을 벗겨 버렸다. "요셉이 형들에게 이르매 그의 형들이 요셉의 옷 곧 그가 입은 채색옷을 벗기고" 창 37:23.

평소 그 채색옷을 볼 때마다 형들의 마음속에는 화가 불같이 치밀었을 것이다. 형들의 마음 밭에 이미 미움의 씨가 뿌려져 있었기 때문이다. 그 미움의 씨는 큰 나무가 되었고 거기에는 시기와 질투라는 쓰디쓴 열매들이 달려 있었다. 그 악한 열매가 형들의 마음에 이미 가득 차 있었다.

이처럼 마귀는 늘 시기나 질투와 같은 인간의 악한 성품을 사용해서 '하나님의 꿈을 품은 자'를 공격한다. 그래서 요셉이 구덩이에 던져진 것이다.

"그를 잡아 구덩이에 던지니 그 구덩이는 빈 것이라 그 속에 물이 없었더라"창 37:24. 중요한 것은 이 웅덩이는 그냥 흙구덩이가 아니라는 것이다. 이스라엘의 기후는 사막 건조 기후이기 때문에 물은 값을 매길 수 없을 만큼 귀했다. 그러니 그곳 사람들은 우기에 물을 받아 놓았다가 건기에 사용했다. 그래서 물을 받아 놓는 물웅덩이가 땅 곳곳에 있었다. 이 물웅덩이 모양은 마치 큰 항아리 같았다. 물을 충분히 받을 수 있도록 땅에 크고 깊게 구덩이를 파 놓되 물이 수증기로 증발하지 못하도록 입구는 아주 좁게 만들었다. 돌덩이 하나로 막아 버릴 수 있을 만큼 입구를 좁게 만들어 물을 오래 보관하고자 했다.

요셉은 바로 이러한 물웅덩이에 던져진 것이다. 이곳에 한 번 던져지면 살아나올 가능성은 없었다. 다행히 물은 없었지만 구덩이는 깊고 어두웠을 것이다. 입구로 올라갈 길도 없었다. 요셉은 죽음의 상황에 내몰렸다. 허공만 울리는 컴컴한 동굴 속에 갇혀서 슬픔과 고통 가운데 그는 형들에게 살려 달라고 애걸하며 발버둥쳤을 것이다. 하지만 형들은 냉담했다. 이 상황을 훗날 그의 형들은 이렇게 회상했다. "그가 우리에게 애걸할 때에 그 마음의 괴로움을 보고도 듣지 아니하였으므로" 창 42:21.

형들은 동생이 죽어 가고 있는데도, 목이 메어 고통 가운데 부르짖고 있는데도 음식을 먹었다. "그들이 앉아 음식을 먹다가" 창 37:25. 아마도 이 음식은 요셉이 집에서 가져온 음식이었을 것이다. 꿈을 가지고 있는 사람들에게 마귀는 이런저런 모양으로 공격을 한다. 요셉의 형들처럼 환난당한 사람들 뒤에서 배 두들겨 가면서 먹고 마시며 조소하고 멸시하는 악한 마귀의 공격이 반드시 있다.

인간은 이만큼 잔인할 수 있다. 이런 상황은 고사하고라도 만약 내 사랑하는 자녀가 수술이라도 받는다면 밥이 어떻게 넘어갈까 싶지만, 인간은 이렇게 잔인한 면모를 드러내기도 하는 존재이다. "대접으로 포도주를 마시며 귀한 기름을 몸에 바르면서 요셉의 환난에 대하여는 근심하지 아니하는 자로다" 암 6:6.

인간적인 질투와 시기는 이런 안타까운 결과를 가져온다. 가인이 아벨을 죽인 인류 최초의 살인도 질투라는 잔인한 인간성에서 비롯되지 않았는가? 지난 수천 년간 가인과 인류 역사를 지배했던 질투의 유전자는 지금도 우리의 혈관을 타고 흐르고 있다.

요즘 사회의 병리 현상이라고 할 수 있는 얼짱, 몸짱 신드롬도 사실 따지고 보면 그 기저에는 질투와 시기가 깔려 있다. 일류 대학에 보내겠다고 자녀에게 50만 원, 100만 원짜리 과외를 시키는 것도, 자식들 들들 볶아 가며 공부시키는 것도 마찬가지 맥락에서다. 자식 제대로 키우고 싶은 마음도 있겠지만, 한편으로는 '야, 내 동창한테 질 수가 있나?' 하는 질투와 시기심이 작용하는 것이다. 시기와 질투, 남에게 인정받으려고 하는 은밀한 욕구야말로 우리 사회를 성형 왕국으로 만들고, 우리 시대의 청소년들을 입시 지옥으로 몰고 가는 주범이다.

우리 사회를 병들게 하고 인류의 타락을 부채질하는 시기와 질투라는 이 무서운 실체를, 우리는 꿈을 이루어 가는 과정에서 필연적으로 만날 수밖에 없다. 꿈꾸는 자 요셉이 형들의 시기와 질투라는 돌부리에 걸려 험난한 구덩이에 매몰차게 내던져졌듯이 말이다.

그러나 요셉이 치러야 했던 대가는 이것으로 그치지 않았다.

꿈꾸는 자는 반드시 거짓의 공격을 받는다. 형들은 자기들의 허물을 덮기 위해 엄청난 거짓말을 준비했다.

아브라함의 가계는 믿음의 가계였지만 불행하게도 속임수라는 전통도 내려오고 있었다. 요셉의 증조할아버지인 아브라함부터 시작해서 이 집안사람들에게는 속이는 데 남다른 은사가 있었다.

아브라함은 그 아내 사라를 자기 누이라고 속였고 그 버릇 그대로 이어받은 이삭 역시 자기 아내 리브가를 누이라고 속였다. 2대에 걸쳐 거짓말을 하니까 드디어 거짓말의 명수 야곱이 태어나 형과 아버지를 속였다.

그리고 야곱의 아들들도 그야말로 거짓말에 도통한 도사들이었다. "그들이 요셉의 옷을 가져다가 숫염소를 죽여 그 옷을 피에 적시고 그의 채색옷을 보내어 그의 아버지에게로 가지고 가서 이르기를 우리가 이것을 발견하였으니 아버지 아들의 옷인가 보소서 하매"창 37:31-32. 이들은 지금 브로드웨이 뮤지컬 배우 뺨치게 열연을 펼치고 있다. 나아가서는 '우리 형제', '사랑하는 우리 동생 요셉'이라고 해도 될 것을, '아버지의 아들'이라고 3인칭을 써서 요셉에 대한 불편한 심기와 시기심을 표출하고야 말았다. 그런데 아버지 야곱은 이를 알아채지 못했다. 거짓말의 명인이 거짓말의 도사들한테 속아 넘어간 것이다.

상상해 보라. 야곱은 요셉이 보고 싶을 때마다 형들에게 물었을 것이다.

"그거 어디서 발견했느냐?"

"누가 제일 먼저 발견했느냐?"

"피가 얼마나 묻어 있었느냐?"

형들은 날마다 거짓말을 더 해야 했다. 거짓말은 더 큰 거짓말을 낳는다. 죄를 숨기기 위해서는 또 다른 거짓과 죄가 필요하기 때문이다. 이것이 바로 범죄의 확대재생산 법칙이다.

거짓말은 마치 손가락에 감는 실과도 같다. 손가락에 처음 실을 감을 때는 아무렇지도 않다. 두 번 감을 때도 거의 영향을 받지 않는다. 하지만 이 실을 네 번, 다섯 번, 열 번, 스무 번 칭칭 감으면 손가락이 꼼짝도 못 한다. 거짓말도 이처럼 나중에는 우리를 옭아매고야 만다. 그리하여 거짓말쟁이는 그 벌로 일생을 아무도 믿어 주지 않는 삶을 사는 대가를 치르게 된다.

얼마 전 우리 국민의 70퍼센트가 법을 지키지 않아도 된다고 생각한다는 통계자료를 본 적이 있다. 그만큼 우리는 신뢰 부재의 시대에 살고 있다. 웬만한 거짓은 양심에 거리낌조차 없고 거짓에 아주 무뎌 있다.

이렇듯 거짓말을 밥 먹듯 하면서 살고 있다면, 어떻게 마귀의 공격으로부터 살아남을 수 있겠는가. 하나님의 꿈을 제대로 이루기 위해서는 거짓이라는 부패한 속성의 공격으로부터 반드시 자신을 지켜야 한다.

시기와 질투, 거짓은 꿈꾸는 자 요셉이 꿈을 이루어 가는 여정에서 만나야 했던 구덩이의 이름이다. 이 구덩이 속에서 요셉은 소리쳐 구원을 요청했다. 작은 신음에도 귀 기울이시는 하나님께서 이렇게 꿈꾸는 자가 치를 대가로 고통당하는 요셉의 부르짖음을 모른 척하셨겠는가?

이 상황에서 하나님이 요셉의 길을 어떤 식으로 반전시키셨는지 그 놀라운 역사를 함께 살펴보자.

하나님의 절묘한 타이밍을 기대하라

이제 요셉의 꿈은 수포로 돌아가는 걸까? 요셉은 피기도 전에 떨어지는 꽃봉오리 신세가 되는 것일까? 그러나 아무 빛도 보이지 않는 이 암담하고 참담한 상황 가운데 악을 선으로 반전시키는 하나님의 은혜가 임했다.

요셉이 구덩이 속에서 슬피 울며 애걸복걸하는 그 순간, 그리든지 말든지 아무렇지도 않게 둘러앉아 음식을 먹고 있는 형들의 그 잔인한 식사 시간, 바로 그때 하나님은 기막힌 반전을 준비하고 계셨다. "그들이 앉아 음식을 먹다가 눈을 들어 본즉 한 무리의 이스마엘 사람들이 길르앗에서 오는데 그 낙타들에 향품과 유향과 몰약을 싣고 애굽으로 내려가는지라" 창 37:25.

하나님의 타이밍은 절묘했다. 요셉은 지금 구덩이 속에서 울며 통곡하고 있다. 마귀는 형들을 통해 잔인한 인간성을 가지고 요셉의 꿈을 공격하고 있다. 그 순간 하나님은 미디안 족속 이스마엘의 대상들이 요셉이 갇혀 있는 구덩이를 향해 달려오도록 타이밍을 맞추셨다. 하나님의 구원의 경륜은 이처럼 절묘하다.

내 인생 끝났다, 이제 도저히 살길이 없다 하는 바로 그 순간, 하나님은 낙타를 동원해서 그분의 시간에 맞게 요셉을 향한 구원의 손길이 달려오게 하셨다.

"유다가 자기 형제에게 이르되 우리가 우리 동생을 죽이고 그의 피를 덮어둔들 무엇이 유익할까 자 그를 이스마엘 사람들에게 팔고 그에게 우리 손을 대지 말자 그는 우리의 동생이요 우리의 혈육이니라 하매 그의 형제들이 청종하였더라 그 때에 미디안 사람 상인들이 지나가고 있는지라 형들이 요셉을 구덩이에서 끌어올리고 은 이십에 그를 이스마엘 사람들에게 팔매 그 상인들이 요셉을 데리고 애굽으로 갔더라" 창 37:26-28. 은 20개는 그 당시 남자 노예 한 명의 값이었다.

존 버니언의 《천로역정》에도 바로 지금의 요셉과 같은 상황이 나온다. 기독도라는 주인공이 장차 망할 성에서 살아서는 안 되겠다는 것을 깨닫고, 천국에 대한 소망을 가지고 순례를 시작한다. 그가 순례 길에서 제일 처음 만난 것은 사람들의 따뜻한 격려라든지 무사장도無事壯途를 비는 천사들의 노랫소리가 아니었다. 그를 기다리고 있던 것은 절망의 늪이었다. 그 절망의 늪에서 죽어 가는 기독도를 헬퍼helper라는 사람이 끌어올렸다. 이 장면에서 저자는 절망의 늪에 대해 이렇게 설명한다.

"이 깊은 수렁은 우리 영혼 속의 두려움과 의심과 절망들이 흘러와 고인 곳이어서 인간들의 힘만으로는 빠져나올 수가 없다."

우리들이 꿈을 가지고 살려고 할 때, 하늘나라를 향해 달려가려 할 때, 우리 앞에 제일 먼저 나타나는 것은 절망의 늪일 수 있다. 그러나 이럴 때 그 늪을 보며 낙심할 것이 아니라 절묘한 타이밍으로 낙타를 예비하시는 하나님을 바라보는 안목을 가져야 한다.

긴 호흡과 안목으로 인생길을 달리라

이제 요셉은 구덩이에서 건져져 미디안 상인들과 함께 낙타를 타고 애굽으로 떠난다. 그 길에서 아마 한숨이 절로 나왔을 것이다. '아버지를 어떻게 다시 볼 수 있을까? 왜 이리 비참한 상태가 되었을까?' 요셉의 마음속 고통은 몹시 컸을 것이며 극심한 절망감에 빠져 헤어나기 힘들었을 것이다.

하지만 사실 헤브론에 있는 아버지 집보다도 지금 앉아 있는 낙타 등이 어떤 면에서는 더 안전한 곳이었다. 왜냐하면 형들이 요셉을 굉장히 미워해서 더 큰 무슨 일을 벌였을지 아무도 모를 일이기 때문이었다.

이렇게 하여 요셉은 낙타 등을 타고 애굽으로 팔려갔다. "그 미디안 사람들은 그를 애굽에서 바로의 신하 친위대장 보디발에게 팔았더라" 창 37:36.

형들에게 요셉을 왜 팔았냐고 물어보라. 그러면 그들은 "질투심 때문에 요셉을 가만히 둘 수가 없었다, 그를 없애려고 팔았다"라고 할 것이다. 또 미디안 상인들한테는 왜 요셉을 샀냐고 물어보라. 그러면 그들은 "이익을 남기려 샀다"라고 대답할 것이다.

하지만 이 형들의 질투와 못된 이기심조차도, 또한 미디안 사람들의 장삿속조차도 하나님의 큰 경륜 안에 있었다. 마라토너의 긴 호흡과 긴 안목으로 보면 결국 이 모든 일은 협력하여 선을 이루게 하시는 하나님의 은혜 가운데 일어났음을 알 수 있다.

요셉이 애굽으로 팔려 간 것은 바로 하나님의 신묘막측한 계획 때문이었다. 하나님께는 우리가 상상할 수 없는 큰 밑그림이 있었다. 요셉의 인생을 향한 로드맵이 있었던 것이다.

성경에 나오는 대로 하나님께서는 7년 대기근에 앞서 히브리 민족들과 전 세계 사람들을 구원할 지도자가 필요했다. 또한 이스라엘 백성을 구원 역사의 도구로 삼을 만한 민족으로 세우셔야 했다. 70명이라는 한 줌밖에 안 되는 야곱의 가족들만 가지고는 세계를 변화시킬 수 있는 축복의 근원, 은총의 통로를 세울 수 없었다.

그리고 이스라엘 백성들이 가나안 땅에서 그곳 민족들과 섞여 있어서는 하나님의 뜻을 이룰 수 없었다. 가나안 문화의 실체는 무엇이었는가? 그것은 타락한 문화요, 야만인의 문화요, 탐욕의 문화였다. 잔인하고 무식하고 배움이 없는 문화였다. 그런데 당시 애굽은 당대 최고의 문명을 자랑하고 있었다. 이미 피라미드가 몇 개나 건설되어 있었다. 당시는 알렉산드리아를 비롯해서 위대한 도성들이 생기기 시작했을 때였다. 하나님은 요셉을 당대 최고의 문명을 꽃피우던 그 애굽으로 먼저 보내셔서 히브리 족속들이 고센 지방에서 애굽 문화를 배울 수 있는 디전을 마련하셨던 것이다. 그랬기에 나중에 모세 같은 애굽의 모든 학술과 언어에 통달한 위대한 하나님의 지도자가 배출될 수 있었다.

요셉이 미디안 사람의 낙타 등에 태워져 애굽으로 팔려 가는 그 과정 속에는 이러한 하나님의 놀라운 계획하심이 포함되어 있던 것이다. 요셉은 애굽에 팔려 가야만 했던 사람이었다.

우리가 일시적으로 역경과 슬픔의 구덩이에 빠진다 할지라도 하나님의 손안에 있을 때 우리의 꿈은 마치 사자굴 속의 다니엘처럼 안전하다.

A.W. 토저는 이렇게 말했다. "하나님께서는 사람을 쓰실 때 먼저 깊이 상처받게 하시고 위대하게 쓰신다."

일제 식민통치 기간 동안 이 나라 백성들은 씻을 수 없는 깊은 상처를 받았다. 하지만 그 역사적인 고통 속에서도 하나님은 길선주 목사님을 비롯한 위대한 민족의 선각자들을 세우셔서 상처받은 이 민족을 향해 일할 길을 열어 주셨다.

요셉의 채색옷은 벗겨졌고, 당황스러우리만치 고통스런 상황이 전개되었다. 하지만 마라토너의 긴 호흡과 안목으로 보면 하나님께서 총리대신의 세마포옷을 입히시기 위해 그날 채색옷을 벗기신 것이다. 그런 날이 기어이 오지 않았는가.

하나님께서 꿈 있는 사람을 쓰실 때는 반드시 채색옷을 먼저 벗기신다는 사실을 기억하는 것, 삶의 구덩이에 던져져 상처받은 채 옴짝달싹 못 하는 그 순간 하나님이 예비하신 낙타가 때맞춰 달려오고 있다는 사실을 기억하는 것, 그것이 바로 마라토너의 긴 호흡을 갖는 것이다. 이것이 나를 총리대신으로 삼으시려는 하나님의 큰 뜻에 순종하는 태도이다.

애굽과 같은 두려움 속으로 나를 몰아넣으시는 것이, 앞으로 한 시대의 리더로 삼으시기 위해 큰 배움과 성숙으로 이끄는 하나님의 세심한 손길임을 기억하라. 그럼으로써 흐트러진 내 삶이 세워지는 계기가 될 수 있다는 사실을 믿으라.

하나님이 주신 꿈을 이루고자 하다가 남들이 알지 못하는 가슴 깊은 상처를 받고 낙심한 채, 도단 땅 그 빈 구덩이 속에서 그냥 주저앉아 있지는 않는가. 그렇다면 마라토너의 긴 호흡과 거시적인 안목을 가지고, 오늘 내게 닥친 비극적 사건이 어떻게 선한 결과를 가져올지 하나님의 반전 역사를 기대하라. 복음 역사를 통해 언제든지 나는 다시 시작할 수 있다는 사실을 기억하라.

순종선언 둘

나는 마라토너의 긴 호흡과 안목으로 인생을 살겠습니다

꿈꾸는 자는 영적 마라토너이다

지금 내게 닥친 상황이 인생의 전부가 아니다. 오늘은 인생이라는 퍼즐의 한 조각일 뿐이다. 하루하루 삶의 조각조각을 붙들고 있지 말고, 앞으로 나타날 영광을 내다보며 한 발자국 한 발자국 힘차게 내딛는 마라토너의 긴 호흡을 가지라. 우리에게는 독수리의 긴 안목이 필요하다.

꿈을 이루려면 치러야 할 대가가 있음을 기억하라

꿈을 꾸었다고 해서, 꿈이 있다고 해서 그 꿈이 금방 이루어지는 것은 아니다. 꿈이 귀한 만큼 거기에는 치러야 할 대가가 반드시 따르기 마련이다. 요셉의 경우에도 꿈을 이루는 데 대가를 지불했다. 우리도 요셉처럼 마라토너의 긴 호흡과 안목으로 절망하지 말고 그런 대가들을 치러내야겠다고 결심해야 한다.

시기심과 질투와 거짓이라는 공격을 인내하라

우리 사회를 병들게 하고 인류의 타락을 부채질하는 시기와 질투라는 이 무서운 실체를 우리는 꿈을 이루어 가는 과정에서 필연적으로 만날 수밖에 없다. 꿈꾸는 자 요셉이 형들의 시기와 질투라는 돌부리에 걸려 험난한 구덩이에 매몰차게 내던져졌듯이 말이다.

하나님의 절묘한 타이밍을 기대하라

우리들이 꿈을 가지고 살려고 할 때, 하늘나라를 향해 달려가려 할 때, 우리 앞에 제일 먼저 나타나는 것은 절망의 늪일 수 있다. 그러나 이럴 때 그 늪을 보며 낙심할 것이 아니라 절묘한 타이밍으로 낙타를 예비하시는 하나님을 바라보는 안목을 가져야 한다.

긴 호흡과 안목으로 인생길을 달리라

하나님께서 꿈 있는 사람을 쓰실 때는 반드시 채색옷을 먼저 벗기신다는 사실을 기억하는 것, 삶의 구덩이에 던져져 상처받은 채 옴짝달싹 못 하는 그 순간 하나님이 예비하신 낙타가 때맞춰 달려오고 있다는 사실을 기억하는 것, 그것이 바로 마라토너의 긴 호흡을 갖는 것이다.

순종선언 기도문 • 둘 •

PRAYER

주님, 요셉의 삶을 통해 꿈을 이루기 위해서는 반드시 대가를 지불해야 한다는 것을 알았습니다. 하나님이 주신 꿈을 이루려고 노력할 때, 하늘나라를 향해 달려가려 할 때, 우리 앞에 제일 먼저 나타나는 것이 절망의 늪일 수 있다고 말씀하셨습니다. 제가 그 늪을 보며 낙심하는 것이 아니라, 절묘한 타이밍으로 낙타를 예비하시는 하나님을 바라볼 수 있도록 도와주십시오.

하나님께서는 꿈 있는 사람을 쓰실 때 반드시 채색옷을 먼저 벗기신다는 사실을 알았습니다. 꿈을 이루기 위해 저의 채색옷이 벗겨질 때 무서워하거나 놀라지 않게 하시고, 대가를 치르는 데 인색하게 굴다가 꿈을 잃어버리는 어리석음을 범하지 않도록 도와주옵소서. 앞으로 나타날 영광을 내다보며 한 발자국 한 발자국 힘차게 내딛는 마라토너의 긴 호흡을 주옵소서. 독수리의 긴 안목을 주옵소서. 아무리 힘들어도 마라토너의 긴 호흡으로 달려갈 수 있는 힘을 주옵소서. 한 발짝 내딛을 수 있는 용기를 주옵소서. 예수 그리스도의 이름으로 간절히 기도드립니다.

늘 중선언 셋

나는 모르는 미래보다
오늘 삶의 현장에서 최선을 다하겠습니다

창 39:1-6

요셉은 노예라는 현실에서 도피하려 하지 않았다.
요셉은 피해의식(victim mentality)이 아니라
극복의식(victory mentality)을 가졌다.
…하나님이 허락하셔서 두신 그곳에서 하나님을 섬겨야 한다는 것,
내가 속한 그 장소가 하나님을 섬기기에 최적의 장소라는 것,
요셉은 이 단순한 진리를 실천했다.

요셉도 자신의 미래를 알지 못했다

사람은 아무도 미래의 일을 알지 못한다. 아무리 과학이 발달해도 도저히 알 수 없는 것이 나의 미래이다. 요셉도 그렇다. 채색옷을 입고 아버지의 사랑에 흠뻑 빠져 있던 요셉, 형들의 시기심을 살 정도로 하나님의 꿈을 꾼 요셉이 하루아침에 노예로 팔려 가는 신세가 될 줄은 아무도 몰랐다. 그것도 한참 예민한 청소년 시기에 말이다. 이 얼마나 기가 막힌 일인가.

아마도 요셉은 쇠고랑을 차고 거의 벌거벗은 채로 애굽의 노예 시장에 서 있어야 했으리라. 그러면 사람들이 마치 좋은 가축을 고르듯 눈도 뒤집어 보고 이도 튼튼한지 입을 열어 보고 허리도 얼마나 튼튼한지 때려 보고 했을 것이다. 곱게 자란 이 17세 소년에게 이는 너무나 굴욕적이고 비참한 시간이었을 것이다. 눈물을 애써 삼키며 노예 시장에 서 있던 그 요셉을 바로의 친위대장 보디발의 집 사람들이 나와서 사 갔을 것이다. 아무리 인생의 밑바닥이라 해도 이런 하류인생이 있겠는가.

이때 요셉은 고등학교 3학년 정도밖에 되지 않는 어린 나이였다. 사춘기였던 소년 요셉은 얼마든지 자기 연민에 빠져 인생을 포기할 수도 있었고 하나님을 원망할 수도 있었다. 대부분의 사람들은 이런 비참한 신세가 되거나 상상할 수 없는 고난을 당하면, 정서가 파괴되는 것을 경험한다. 하지만 요셉은 그렇지 않았고 인생의 밑바닥을 거쳐 훗날 애굽의 총리가 되었다. 과연 요셉은 어떤 자세로 살았기에 그런 인물이 될 수 있었을까.

하나님이 지금 나와 함께하심을 확신하라

요셉은 하나님과 늘 함께했다. "여호와께서 요셉과 함께하시므로 그가 형통한 자가 되어 그의 주인 애굽 사람의 집에 있으니 그의 주인이 여호와께서 그와 함께하심을 보며 또 여호와께서 그의 범사에 형통하게 하심을 보았더라" 창 39:2-3.

생각해 보자. 요셉이 애굽의 시위대장 보디발의 집에 노예로 끌려갔다. 애굽 황제 최고의 친위대장 집이었으니 노예가 꽤 많았을 것이다. 첫날 저녁 노예 방에 들어가서 몸에 쇠고랑 같은 것을 차고 잠을 자는데 잠이 제대로 왔을까? 아마도 형들의 잔인한 눈동자가 번득이며 요셉을 괴롭혔을 것이다. 구덩이에 던져졌을 때의 상처가 남아 있었을 것이다. 악몽과 가위에 눌려 잠자기 정말 힘들었을 것이다.

그 순간 요셉은 하나님을 찾으며 울부짖지 않았겠는가.

"하나님, 아버지를 벧엘과 얍복 강가에서 만나 구원의 말씀을 주시고, 이삭 할아버지를 제단의 칼 위에서 살려 주신 하나님, 살아 계신 하나님, 저를 구해 주세요. 지금 이 상황에서 저를 구해 주실 분은 하나님 한 분밖에 없지 않습니까?"

요셉은 순간순간 하나님을 의지했을 것이다. 말도 통하지 않는 사람들과 힘들게 일을 마친 날 밤에도, 아버지 야곱과 할아버지 이삭이 자기를 끔찍이 사랑해 주던 꿈을 꾼 날 밤에도, 동생 베냐민과 함께 깔깔대고 웃으면서 재미나게 놀던 꿈을 꾸다가 잠에서 깨어났을 때도 요셉은 차가운 노예 방에서 울면서 하나님을 찾았을 것이다. 그분만이 유일한 구원자이심을 알았기 때문이다.

요셉은 하나님이 나를 도우시고 나를 버리시지 않는다는 사실을 추호도 의심하지 않았다. 사망의 음침한 골짜기를 다니는 것과 같은 고통의 시간에도 주께서 함께하심을 흔들림 없이 믿었다. 바로 다음 말씀에 계시된 하나님을 붙들었음이 분명하다. "오직 시온이 이르기를 여호와께서 나를 버리시며 주께서 나를 잊으셨다 하였거니와 여인이 어찌 그 젖 먹는 자식을 잊겠으며 자기 태에서 난 아들을 긍휼히 여기지 않겠느냐 그들은 혹시 잊을지라도 나는 너를 잊지 아니할 것이라 내가 너를 내 손바닥에 새겼고 너의 성벽이 항상 내 앞에 있나니"사 49:14-16.

요셉은 형통하든지 낮아지든지 상관없이 주의 손이 그와 함께하심을 잊지 않았다. 소망을 가지고 하나님이 함께하심을 확신했다. 그 확신은 희망을 포기하지 않게 해 주었으며, 목적 없이 방황하지 않도록 붙들어 주었다. 주어진 상황에 순종하도록 그를 붙잡아 주었다.

이처럼 하나님은 요셉이 감정적으로 파괴될 만한 그 시점에서 함께하심을 확인시켜 주심으로써 그의 정서와 감정이 파괴되지 않도록 지켜 주셨다. 그래서 비록 몸은 쇠사슬에 묶여 있을지라도 그의 영은 자유로웠다.

"내 갈 길 멀고 밤은 깊은데 빛 되신 주
저 본향 집을 향해 가는 길 비추소서
내 가는 길 다 알지 못하나
한 걸음씩 늘 인도하소서 1절
이전에 나를 인도하신 주 장래에도
내 앞에 험산준령 당할 때 도우소서
밤 지나고 저 밝은 아침에
기쁨으로 내 주를 만나리" 3절

찬송가 429장의 이 마음처럼, 요셉은 하나님이 함께하심에 대한 확신 때문에, 정서와 감정의 파괴를 경험하지 않고 자기 자신을 추스를 수 있었다. 그랬기에 그는 비통한 가운데서도 형통으로 향한 길을 열 수 있었다.

하나님이 함께하신다는 것만큼 우리에게 힘을 주는 것이 또 있을까? 모세도 그것을 알았기에 하나님께 이렇게 떼를 썼다. "나와 주의 백성이 주의 목전에 은총 입은 줄을 무엇으로 알리이까 주께서 우리와 함께 행하심으로 나와 주의 백성을 천하 만민 중에 구별하심이 아니니이까"출 33:16. 모세에게 은총의 가장 큰 표징, 곧 증거는 하나님이 함께하신다는 것이었다.

예수 믿는 인생의 가장 큰 축복은 하나님의 임재하심이다. 일상의 단면들이 경이로운 일로 바뀌는 것은 하나님이 임재하신다는 의식을 통해서이다.

《하나님을 아는 지식》의 저자 제임스 패커는 이렇게 말했다.

"하나님이 우리와 함께하신다는 임재의식이야말로 우리의 평범한 삶, 고단한 삶을 일순간에 경이로운 삶으로 바꾸는 비결이다. 어디에나 계시며 모든 것을 아시는 창조주 앞에서 매 순간 그분과 동행한다는 사실을 인식할 때 우리의 삶은 갑자기 하나의 경이로운 경험으로 발전한다."

아무리 사소한 것이라도 거기에 하나님의 임재의식이 스며들기만 한다면 경이로운 것이 될 수 있다. 아무리 비참한 형편에 처했다 해도 하나님과 함께하면 놀라운 삶을 살 수 있다. 누가 뭐라 하든 간에 비참한 밑바닥 인생을 사는 자가 형통함을 누리려면 다른 길이 없다. 하나님의 함께하심, 하나님의 임재에 대한 철저한 확신만이 형통함의 열쇠이다.

이 땅에서 가장 불쌍한 사람은 예수님을 믿고 살면서도 하나님의 임재를 경험하지 못하는 사람들이다. 예수님이 누구신가? 2,000년 전 이 땅에 육신을 입고 오신 하나님 그 자신이시다. 그 예수님의 영인 성령님은 지금도 우리와 함께 계신다. 성령님을 통해 우리는 삶 속에서 하나님이 나와 함께 계심을 날마다 증명하고 체험할 수 있다.

상처받아 고통스럽고 미치도록 힘든 상황에 처해 있다 할지라도, 하나님의 임재를 인식하고 경험함으로 형통함을 누릴 수 있다.

그러나 여기서 한 가지 더 생각해야 할 것은, 하나님의 함께하심이 우리를 세상적인 기준에서 형통케 하는 것이 아니라는 사실이다. 만일 하나님께서 함께하심으로 이 세상에서 모든 것이 잘되고 형통하다면 그것은 복이 아니라 오히려 우리의 눈을 이 땅에만 고정시키는 저주일 수 있음을 생각해야 한다. 삶이 형통할 때에만 하나님께서 함께하신다고 생각하는 신앙에 머문다면 우리는 결코 먹구름 위의 은빛 찬란한 광채를 볼 수 없다.

아삽은 "내가 항상 주와 함께하니 주께서 내 오른손을 붙드셨나이다"시 73:23라고 고백하고 있다. 그런데 시편 73편을 살펴보면 잘되는 것처럼 보이는 것은 악인이다. 얼마나 잘되는지 평안하고 재물이 더하여지는 악인의 형통함을 보고시 73:3, 12 아삽은 자신의 걸음이 실족할 뻔하였고 미끄러질 뻔하였다고 말하고 있다시 73:2. 그럼에도 불구하고 아삽은 시편 73편 전체 문맥 속에서 감사를 표하고 있다. 눈에 보이는 것을 전부로 보지 않고, 오히려 눈에 보이지 않는 축복을 헤아렸던 아삽은 "그들은 아침이 되면 사라지는 꿈과 같은 자들입니다. 그래서 주께서 일어나시면 그들이 꿈처럼 사라질 것입니다"시 73:20 참조라고 고백한다. 아삽이 현실적인 역경의 삶 속에서도 하나님께서 그와 함께하신다고 고백할 수 있었던 것은 그의 눈이 궁극적인 형통의 관점을 가졌기 때문이다. "내가 이같이 우매 무지함으로 주 앞에 짐승이오나"시 73:22. 내가 어렵고 괴로울 때에 어리석고 무지하여 주 앞에 짐승같이 되었다는 말이다. 이 고백을 하고 난 직후 아삽은 하나님의 신실하심과 끊임없는 돌보심을 인정했다. 아삽이 현재의 위기 속에서도 하나님의 임재하심을 인정하고 감사할 수 있었던 이유는, 하나님께서 함께하시는 사람은 현재의 상황과 관계없이 반드시 궁극적으로는 형통하게 될 것을 알았기 때문이다.

하나님의 함께하심을 확신함으로, 결코 시련을 낭비하지 말고 귀중하게 사용하라. 이미 결정된 것을 가지고 고민하지 말고 하나님의 임재를 절감하면서 자신의 상황을 타개해 나가라. 자기 연민이라는 소리 없는 암살자의 공격에 상처 입지 말라. 분노와 쓰라린 상처 속에서 뒹굴지 말라. 스스로를 감옥 속에 가두지 말라. 내 몸을 파괴하는 기운이 살모사처럼 똬리를 틀고 자라지 않도록 하나님의 임재를 통해 보호받으라.

주어진 현실에서 도망치지 말고 온몸으로 부딪혀라

요셉은 삶의 현장에서 승리했다.

"요셉이 그의 주인에게 은혜를 입어 섬기매 그가 요셉을 가정 총무로 삼고 자기의 소유를 다 그의 손에 위탁하니 그가 요셉에게 자기의 집과 그의 모든 소유물을 주관하게 한 때부터 여호와께서 요셉을 위하여 그 애굽 사람의 집에 복을 내리시므로 여호와의 복이 그의 집과 밭에 있는 모든 소유에 미친지라" 창 39:4-5.

요즘 식으로 말하자면, 요셉이 투자한 증권은 100배가 뛰는 식이었다. 요셉이 뿌린 종자는 이상하게 남보다 몇 배 더 풍성한 결실을 맺었다. 이것을 보고 친위대장인 보디발이 물었을 것이다.

"너 어떻게 그렇게 잘하니? 무엇 때문에 넌 그렇게 항상 풍성한 거니?"

그때 요셉은 이렇게 말했을 것이다.

"하나님이 함께해 주셨어요."

하나님은 요셉의 마음에 속삭여 주셨을 것이다.

"너는 축복의 대상 정도가 아니라 축복의 근원 그 자체란다. 네가 가는 곳마다 너 때문에 복 받을 거야."

매사에 일을 잘해내던 요셉은 가정 총무가 되었다. 하나님은 요셉을 통해 창세기 12장에서 아브라함에게 약속하신 말씀, "너를 축복하는 자에게는 내가 복을 내리고 너를 저주하는 자에게는 내가 저주하리니 땅의 모든 족속이 너로 말미암아 복을 얻을 것이라 하신지라"3절를 이루어 주셨다. 그리하여 요셉은 삶의 현장에서 승리할 수 있었다.

요셉은 노예라는 현실에서 도피하려 하지 않았다.

요셉은 피해의식victim mentality이 아니라 극복의식victory mentality을 가졌다. 애굽 사람의 종이 된 것에 대해 신세 한탄하지 아니하고 맡겨진 일을 부지런히 감당했다. 하나님이 허락하셔서 두신 그곳에서 하나님을 섬겨야 한다는 것, 내가 속한 그 장소가 하나님을 섬기기에 최적의 장소라는 것, 요셉은 이 단순한 진리를 실천했다.

내 자리가 아닌 곳에 있기 때문에 직장 생활이 힘들다고 생각하고, 내 사랑이 아닌 사람과 살기 때문에 결혼 생활이 힘들다고 말하는 사람들은 막상 삶의 자리를 옮겨 준다 해도 여전히 불행할 것이다. 이 세상에는 완전한 것이 없기 때문이다. 이 세상에는 완전한 이웃과 완전한 배우자와 완전한 교회가 없다. 우리에게 멋있는 직업, 좋은 이웃, 은혜로운 교회는 있을 수 있지만 완전한 직업, 완전한 이웃, 완전한 교회는 있을 수 없다. 완전한 곳을 찾아 헤매는 사람들일수록 오히려 실망스런 장소를 만나 더 가슴 아파할 수밖에 없는 것이 인생이다.

대형교회 목사인 나를 부러워하는 성도들이 있을지도 모르겠다. 하지만 내게도 도망치고 싶을 때가 있다. 주일마다 설교라는 창작품이 나와야 한다는 사실이 내게는 짐이다. 대개 창조적인 직업을 가진 미술가, 음악가, 소설가들이 정상적인 삶을 산다는 것은 무척이나 어려운 일이다. 밤새도록 잠을 못 잔다든지, 밤새도록 술을 마신다두지 하다가 갑자기 영감이 떠올랐을 때 작품을 완성한다. 어떤 이들은 영감을 얻기 위해 약물에 의존하기도 하고 "담배는 창작의 벗"이라며 담뱃값 인상을 반대하는 일도 있었다. 하지만 목사인 나는 정상적으로 살면서도 창작을 해야 한다. 미치지 않고도 매 주일 영감을 받아서 창작해야 한다. 그 도덕적 책임감과 영적 부담감이 보통 큰 게 아니다.

얼마 전 학생운동을 하는 친구와 오랜만에 만났다. 나를 보는 순간 그 친구가 말했다.

"오 목사, 왜 그리 늙었노? 단백질이 다 빠져 버렸네."

"니도 대형교회 목사 함 해봐라."

상황이 힘들면 그 자리를 박차고 나와 어딘가로 도망가고 싶어진다. 물론 잠깐의 휴가나 쉼이 도움이 될 수는 있겠지만, 그렇다고 해서 나 자신으로부터 도망할 수는 없는 노릇이다. 내가 겪는 가장 큰 문제는 환경이나 이웃이나 교회가 아닌, 조급하고 인내심 없는 나 자신에게서 비롯될 때가 많다.

환경이 나쁘고 내 팔자가 사납고 내 옆에 나쁜 인간이 살아서 내가 요 모양 요 꼴로 산다고 생각하지 말라. 그런 피해의식을 어서 털어 버려야 한다. 사실 우리 민족만큼 피해의식이 많은 민족도 드물 것이다. 한마디로 한恨이 많다. 걸핏하면 삿대질하고, 인터넷 들어가서 남의 인격을 말살시키는 악플이나 달고, 파괴적 진보와 수구적 보수가 서로 양날을 세우고 피 흘리며 싸우고 있다. 도로에서 접촉사고가 나서 싸우거나, 사무실 안에서 싸움이 붙었을 때 제일 많이 내뱉는 말이 이것이다.

"야, 너 내가 우습게 보여? 왜 나 무시해? 네가 먼저 잘못해 놓고 왜 미안하다는 말을 안 하는 거야. 내가 이래 봬도…."

그만큼 피해의식에 짓눌려 있다는 말일 것이다. 서로 피해를 본 것이지 사실 어느 누구도 일방적 가해자는 아니다. 오늘 내가 맞닥뜨린 환경 가운데서 희생당했다고, 상처받았다고 생각하지 말라. 이러한 피해의식은 어느 누구에게도 도움이 되지 않는다. 지나간 과거의 피해의식에도 눌리지 말고, 알 수 없는 미래 때문에 불안해하지도 말고, 다만 오늘 맞닥뜨린 삶의 환경을 극복하겠다는 정신을 가지고 살라. 그것이 바로 신앙이다.

존 버니언은 12년 동안 감옥에 갇혀 있는 가운데서도 《천로역정》이라는 믿음의 걸작품을 남겼다. 고난을 끌어안아 빛나는 예술로 승화시킨 것이다.

요셉처럼, 내 삶을 보는 자마다 "나도 예수 믿으면 당신처럼 살 수 있습니까?" 하고 물어 올 정도로 표나는 은총의 삶을 살겠다고 다짐하라.

요셉은 노예라는 밑바닥 상태에서 낙심치 않고 오히려 그것을 디딤돌로 활용했다. 노예의 삶이라는, 자신이 처한 상황을 누수하지 않고 선용했다.

노예라는 현실에 충실함으로 노예에서 해방되라

요셉은 노예로 팔려와 종살이를 하면서도 자기가 맡은 종의 일을 하찮게 여기지 아니하고 충실하게 감당했다. 자신에게 허락된 그 시간을 저주하면서 낭비하지 않고, 오히려 아껴서 최선으로 활용했다. 자기 삶 전체를 하나님 앞에 제물로 드리는 영적 제사의 삶, 은혜의 삶을 살았다.

요셉은 어쩌면 마음속으로 이렇게 생각했을지도 모른다.

'나는 보디발이라는 분의 종이기 이전에 하나님의 종이다. 나는 하나님의 종이기 때문에 사람들이 나를 보디발의 종이라고 불러도 상관없다. 이왕이면 보디발의 종 가운데 가장 귀한 종이 되겠다.'

'나는 이 노예의 삶을 최선을 다해 활용하겠다. 그것이 하나님이 나에게 바라시는 것이며, 또 하나님께서도 그렇게 할 수 있도록 나에게 힘을 주시리라.'

요셉은 일반적인 종의 삶을 살아가지 않겠다고 결심했을 것이다. 대부분의 종들은 주인의 눈치만 살핀다. 주인이 안 보면 눈칫밥이나 먹으면서 적당히 일한다. 스스로 굴욕을 겪는 것이다.

그런데 요셉은 그렇게 살지 않기로 결단했다. 물론 그가 애굽의 태양신교나 타락한 문화를 당장 바꿀 수 있는 상황은 아니었다. 그런 기회가 주어지지는 않았다. 하지만 그가 택할 수 있는 유일한 최선책은 좋은 종, 훌륭한 노예가 되는 것이었다. 현실에 맞닥뜨린 일들 앞에서 하나님의 임재하심을 느끼면서, 최선을 다해 그 맡겨진 노예의 삶을 살기로 결단한 것이다. 이것이 바로 요셉이 보디발의 집에서 견지했던 통찰력 중 하나였다.

그는 자기를 노예라는 감옥에 가둬 놓지 않았다. 자기 환경에서 근면하고 충성되게 열매 맺는 믿음직한 종의 생활을 감당했다. 요셉은 보디발을 섬길 때 하나님을 섬기듯 했으며, 그렇게 하면 유업의 상을 보디발이 아닌 하나님으로부터 받을 줄 믿었다.

요셉은 신약시대 바울이 골로새교회 성도들에게 권면한 말씀을 미리 구약시대에 실천했다. 신약시대의 골로새교회 교인들 중 60-70퍼센트는 노예였다. 노예는 사실 숨 쉬는 짐승에 지나지 않았다. 그 노예들을 향해 바울은 이렇게 권면했다.

"종들아 모든 일에 육신의 상전들에게 순종하되 사람을 기쁘게 하는 자와 같이 눈가림만 하지 말고 오직 주를 두려워하여 성실한 마음으로 하라 무슨 일을 하든지 마음을 다하여 주께 하듯 하고 사람에게 하듯 하지 말라 이는 기업의 상을 주께 받을 줄 아나니 너희는 주 그리스도를 섬기느니라"골 3:22-24. 노예의 일을 하는 것도 주께 하듯 하고 사람에게 하듯 하지 말라는 것이다. 무슨 일이든지 그 일 안에는 주의 일이 포함되어 있다는 것이다.

바울은 또 이렇게 말했다. "그리스도의 말씀이 너희 속에 풍성히 거하여 모든 지혜로 피차 가르치며 권면하고 시와 찬송과 신령한 노래를 부르며 감사하는 마음으로 하나님을 찬양하고 또 무엇을 하든지 말에나 일에나 다 주 예수의 이름으로 하고 그를 힘입어 하나님 아버지께 감사하라"골 3:16-17. 무슨 일을 하든지 거기에 기도와 말씀과 찬송을 얹으라는 것이다. 내가 하는 일이 노예 일이든, 남들이 볼 때 수치스러운 일이든, 보잘것없는 일이든 상관없이 하나님이 그 자리에 나를 갖다 놓으셨으니 그 자리에 기도와 말씀과 찬양을 얹어 놓으라는 것이다. 그럴 때 거기서부터 길이 열리기 시작한다.

충성스러운 노예가 됨으로써 사실상 요셉은 노예에서 해방되었다. 칼을 들고 주인을 찌르고 피를 보아 해방된 것이 아니었다. 맡겨진 일을 하나님 일로 알고, 하나님께서 지금 있는 그 자리에 자기를 보내 주신 것이라고 믿고, 그 일에 성실과 근면으로 최선을 다함으로써 주인을 감동시키고 변화시킴으로 해방되었다.

현재 미국 휘트윌스 대학에서 종교철학 교수로 재직 중인 제럴드 L. 싯처Gerald L. Sittser 목사님의 이야기다. 싯처 목사님이 결혼 후 몇 년 동안 아이가 없어서 하나님께 기도했다고 한다.

"하나님 아버지, 아이를 주십시오. 남들처럼 단란한 가정을 꾸려 주시기를 원합니다."

그런데 하나님이 은혜를 주셔서 사모님이 40대 중반이 될 때까지 6년 동안 무려 4명의 아이가 태어났다. 친구들한테 "당신 가정은 100만 불짜리가 아니라 200만 불짜리 가정이야"

하는 소리를 들을 만큼 부러움을 한 몸에 받는 가정이 되었다.

그러나 이 아름답던 가정의 역사는 어이없게도 비참한 종국을 맞이하고야 말았다. 온 가족이 함께 차를 타고 가는데, 음주 운전자가 중앙 분리대를 넘어 목사님의 차를 받아 버린 것이다. 그 자리에서 사모님과 네 살짜리 딸이 즉사하고, 자녀 셋이 부상당했으며 목사님만 다친 곳이 없었다. 하루아침에 집안이 풍비박산이 났다. 살아남은 가족들은 그 후로도 오랫동안 정신적 충격에서 벗어나지 못했다. 이 사건은 싯처 목사님을 오랫동안 현기증 상태로 몰아넣었다.

'하나님은 내 삶이 행복하기를 원치 않으시는가? 어찌하여 하나님은 내 삶에 이런 어려움과 괴로움을 주시는가?'

하나님의 뜻을 발견하기 위해 고민하며 씨름하던 중 싯처 목사님은 마침내 중요한 결론에 도달하였다. 잘 모르는 하나님의 뜻을 놓고 갈등하기보다는 지금 내게 나타난 하나님의 뜻에 충실한 것이 정말 소중하다고 말이다.

'아이들을 사랑으로 잘 양육하며, 다른 사람을 위해 살고, 자신의 몸을 하나님이 기뻐하시는 거룩한 산 제사로 드리는 일에 전념하자. 고집불통인 사람들, 자신밖에 모르는 사람들을 섬기는 것이야말로 나를 향한 하나님의 뜻 아니겠는가.'

그 후로 싯처 목사님은 하나님의 모호한 뜻을 헤아리는 데 시간을 낭비하지 않고 명확한 것들을 행하는 데 초점을 맞추기 시작했다. 잘 모르는 미래를 아는 일에 집착하는 대신 현재 생활에 충실할 때 우리 삶에 축복이 따른다. 하나님의 섭리가 지금 내 삶의 현장 가운데 차근차근 이루어져 나가는 것을 깨달을 수 있기 때문이다.

그런데 잘 모르는 미래를 알려고 하는 데 엄청난 시간과 비용을 투자하는 사람들이 너무나 많다. 한국에서 조금도 쇠하지 않고 호황을 누리는 업종이 바로 점집이다. 요즘같이 사회가 어수선하고 불확실할 때는 더욱 점집이 번창한다.

그리스도인은 미래를 알기 위해 온 힘을 쏟을 것이 아니라, 하나님이 오늘 내게 주신 분명한 뜻을 깨달아야 한다. 그것이 더 중요하다. 내 이웃과 나라와 민족과 열방을 위해서 기도하는 것, 하나님 말씀대로 순종하는 것, 모든 상황 가운데 주님의 섭리가 있음을 믿는 것이 바로 지금 오늘 내게 나타난 하나님의 뜻이다. 이것을 실천하려고 노력할 때 하나님의 섭리가 우리 삶 가운데 펼쳐질 것이다.

하나님은 왜 우리에게 미래를 가르쳐 주지 않으시는가. 그것은 만약 우리의 미래에 고통과 좌절이 있다면 좌절한 나머지 아무것도 하지 않으려 할 것이고, 반대로 미래에 너무도 아름답고 영광스러운 일이 펼쳐진다면 우리가 안일과 권태의 나락으로 떨어지고 말 것이기 때문이다. 그러다 보면 인격이 하나하나 다듬어져 하나님의 축복을 받을 만한 그릇으로 빚어지는 중요한 과정을 놓치게 될 것이다.

좋은 일이 있든 어려운 일이 있든 미래에 너무 신경 쓰지 말라. 하나님이 내게 주신 현재의 기도 제목과 현재에 내가 행할 수 있는 하나님의 뜻에 집중하라. 이미 나타난 하나님의 뜻을 행하기에 최선을 다하라. 그렇게 현재에 충실할 때, 하나님의 섭리가 이루어지는 과정을 목도하게 될 것이다.

주후 3세기 무렵에 살았던 알렉산드리아의 클레멘트 교부(敎父)는 "우리는 예수 그리스도 때문에 시간의 일몰을 영원의 일출로 바꾸는 사람들이다"라고 말했다. 현재의 순간이 그만큼 귀하다는 말일 것이다. 우리의 시간은 태양이 지는 것처럼 사라지고 안개처럼 흩어질 것이다. 하지만 우리에게는 일몰처럼 사라지고 흩어지는 시간을 영원의 일출로 바꾸는 비결이 있다. 그것은 바로 이 순간 내게 맡겨진 일을 하나님의 이름으로 최선을 다해 행하는 것이다. 그럴 때 서산 낙조와 같은 인생이 다시 한 번 동터 오는 인생으로 뒤바뀔 것이다.

하나님께서 오늘 내게 무엇을 요구하시며, 현재 충실해야 할 기도제목은 무엇인지 점검해 보라.

요셉의 위대함은 어떤 자리, 어떤 환경에서든 간에 시간을 낭비하지 않았다는 것이다. 종으로 있을 때나 감옥 죄수로 있을 때나 총리로 있을 때나 그는 자신에게 맡겨진 일을 하나님의 이름으로 감당했다. 현재에 충성을 다한 사람이었다.

독신으로 살고 있다면, 그 독신의 환경을 누수하지 말라. 결혼했다면, 결혼의 삶을 누수하지 말라. 남보다 가난하면, 가난한 것을 활용하라. 남보다 부유하다면, 부유함을 활용하라. 주어진 삶을 활용하여 현실에 맞닥뜨리는 능력을 회복하라.

시련 가운데서도 하나님이 함께하심을 누림으로 형통의 비결을 배우라. 내게 주신 이 어려운 환경을 가장 잘 활용할 수 있도록 은혜를 구하라. 말씀대로 믿고 순종하여 삶의 고난이 하나님의 영광을 위한 과정이 될 수 있도록 도움을 구하라. 요셉같이 멋진 형통의 길에 들어서서 새로운 역사의 주체가 될 수 있도록 은혜 위에 은혜를 구하라.

과거에 집착하지 말고 미래를 향해 마음을 모으라. 마귀는 과거에 집중하지만 성령은 미래를 조명하신다. 은혜의 강가에서 말씀의 깊은 생수를 경험하라.

순종선언 셋

나는 모르는 미래보다
오늘 삶의 현장에서 최선을 다하겠습니다

요셉도 자신의 미래를 알지 못했다

요셉은 하나님이 나를 도우시고 나를 버리시지 않는다는 사실을 추호도 의심하지 않았다. 사망의 음침한 골짜기를 다니는 것과 같은 고통의 시간에도 주께서 함께하심을 흔들림 없이 믿었다.

하나님이 지금 나와 함께하심을 확신하라

요셉은 형통하든지 낮아지든지 상관없이 주의 손이 그와 함께하심을 잊지 않았다. 소망을 가지고 하나님이 함께하심을 확신했다. 그 확신은 희망을 포기하지 않게 해 주었으며, 목적 없이 방황하지 않도록 붙들어 주었다. 주어진 상황에 순종하도록 그를 붙잡아 주었다.

주어진 현실에서 도망치지 말고 온몸으로 부딪혀라

지나간 과거의 피해의식에도 눌리지 말고, 알 수 없는 미래 때문에 불안해하지도 말고, 다만 오늘 맞닥뜨린 삶의 환경을 극복하겠다는 정신을 가지고 살라. 그것이 바로 신앙이다.

노예라는 현실에 충실함으로 노예에서 해방되라

요셉은 노예로 팔려와 종살이를 하면서도 자기가 맡은 종의 일을 하찮게 여기지 아니하고 충실하게 감당했다. 자신에게 허락된 그 시간을 저주하면서 낭비하지 않고, 오히려 아껴서 최선으로 활용했다. 자기 삶 전체를 하나님 앞에 제물로 드리는 영적 제사의 삶, 은혜의 삶을 살았다.

순종선언 기도문 • 셋 •

PRAYER

주님, 저는 미래가 두려웠습니다. 그래서 늘 걱정거리를 껴안고 살았습니다. 하지만 요셉이 자신의 미래를 알았더라면 고통 가운데 그의 인내가 무슨 빛을 발했겠습니까. 사람은 자신의 미래를 알 수 없지만, 한 가지 확실한 사실은 제가 미래에 어떤 형편에 처해 있든지 간에 주님은 저를 버리지 않으시고 함께하신다는 것입니다. 요셉을 지켜 주신 하나님께서 저를 지켜 주신다는 사실입니다. 진정한 형통은 미래를 아는 것이 아니요 하나님과 함께하는 삶임을 확신합니다.

그 확신을 가지고 희망을 포기하지 않으며 목적 없이 방황하지 않겠습니다. 자기가 맡은 종의 일을 하찮게 여기지 아니하고 충실하게 감당함으로써 노예에서 해방된 요셉처럼, 저 또한 주님이 지경 삼아 주신 현실에 순종하겠습니다. 자신에게 허락된 그 시간을 저주하면서 도피하려고 하지 않겠습니다. 발버둥 치느라 시간을 낭비하지 않고, 오히려 아껴서 최선으로 활용하겠습니다. 알 수 없는 미래 때문에 불안해하지도 않겠습니다. 삶의 고난이 하나님의 영광을 위한 과정이 되도록 오늘 맞닥뜨린 삶의 환경을 극복하겠다는 정신을 가지고 살겠습니다. 예수 그리스도의 이름으로 간절히 기도드립니다.

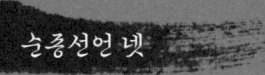

나는 하나님 편에서
분명한 삶의 원칙을 세우겠습니다

창 39:6-18

요셉은 분명한 삶의 원칙(principle)을 가지고 있었다.
무엇을 하고 무엇을 해선 안 되는지에 대한
삶의 분명한 원칙을 가지고 있었다.
그것은 바로 하나님 앞에 죄가 되는가 안 되는가 하는 것이었다.

형통 이후 치명적인 유혹을 경계하라

요셉은 애굽 최고 경호대장 집안의 대소사를 관리하는 가정 총무가 되었다. "주인이 그의 소유를 다 요셉의 손에 위탁하고 자기가 먹는 음식 외에는 간섭하지 아니하였더라"창 39:6. 노예 중에서도 가장 밑바닥 노예였던 그가 노예 총책임자까지 된 것이다. 그러자 유혹이 찾아왔다.

"그 후에 그의 주인의 아내가 요셉에게 눈짓하다가 동침하기를 청하니"창 39:7.

자, 보라. 이렇듯 형통 이후를 조심해야 한다. 자신의 존재를 사람들이 알아줄 때 조심해야 한다. 사람들의 눈에 띄기 시작했을 때 조심해야 한다. 원래 아무것도 없는 사람에게는 유혹도 없는 법이다. 존재가 주목받기 시작했을 때에야 비로소 유혹의 손길이 뻗치기 시작한다. 만약 요셉이 형통하지 않았다면, 그가 아무리 아름다웠다 하더라도 보디발의 아내와 만날 기회는 없었을 것이다. 그녀의 눈에 들지도 않았을 것이다.

요셉은 "용모가 빼어나고 아름다웠더라"창 39:6라고 기록되어 있다. NASB 영어 성경 번역본에는 "Joseph was handsome"이라고 표현되었고, 히브리 원어에는 "용모가 빼어나고 체격이 탁월했다아름다웠다"라고 표현되었다. 그런데 문제는 아름다움에는 늘 유혹이 따른다는 것이다. 이렇게 유혹이라는 치명적 공격이 있다는 것, 이것이 바로 아름다움의 아킬레스건이다.

고대 애굽이나 21세기를 살아가는 이곳 한국 서울이나 할 것 없이 아름다운 사람에게는 늘 특별한 기회의 문이 열려 있다. '머리 나쁜 건 용서할 수 있어도 못생긴 건 용서할 수 없다'는 것이 요즘을 살아가는 우리들의 문화가 아닌가. 우리들은 아름다움을 칭송하는 문화 속에서 살아가고 있다.

하지만 성경의 역사와 인간의 역사를 보면, 매력적이고 아름다운 사람들이 얼마나 위험에 노출되어 있는지 모른다. 연일 인터넷을 달구는 연예 뉴스를 보라. 얼마나 많은 매력 남녀들이 마약에 빠지고 가정이 파괴되고 무절제한 생활에 무너지는지를.

성경에서도 아름다운 사람은 특별한 유혹과 공격을 받았던 것을 볼 수 있다. 요셉의 증조할머니였던 사라는 아름다웠다. 그래서 기근을 피해 애굽으로 떠나기 전 아브라함은 아내에게 이렇게 말해야 했다.

"내가 알기에 그대는 아리따운 여인이라 애굽 사람이 그대를 볼 때에 이르기를 이는 그의 아내라 하여 나는 죽이고 그대는 살리리니 원하건대 그대는 나의 누이라 하라 그러면 내가 그대로 말미암아 안전하고 내 목숨이 그대로 말미암아 보존되리라"창 12:11-13.

이런 아브라함의 예측은 곧바로 들어맞았다.

"아브람이 애굽에 이르렀을 때에 애굽 사람들이 그 여인이 심히 아리따움을 보았고 바로의 고관들도 그를 보고 바로 앞에서 칭찬하므로 그 여인을 바로의 궁으로 이끌어들인지라"창 12:14-15.

애굽 사람들이 사라를 보는 순간에 반했고 곧바로 황제에게 데리고 갔다는 것이다. 세관 검사도 하지 않고 말이다. 이처럼 아름다움은 남편 목숨을 왔다 갔다 하게 만들 수 있을 만큼 치명적이다.

또 치명적인 아름다움을 가졌던 사람 중에 압살롬이 있다. 그는 다윗의 아들이었다. 다윗의 여러 아들들 가운데 이 압살롬이 얼마나 멋있었는지, 성경은 그를 "온 이스라엘 가운데에서 압살롬같이 아름다움으로 크게 칭찬받는 자가 없었으니 그는 발바닥부터 정수리까지 흠이 없음이라"삼하 14:25고 증거한다. 그는 미스터 유니버스 대회에서 1등을 할 정도로 세계에서 제일 아름다운 남자 중 하나였을 것이다. 하지만 그는 자만심에 빠져 아버지 다윗을 반역하다가 결국 나뭇가지에 머리카락이 걸려 죽었다. 얼마나 비참한 말로인가.

아름다운 꽃, 아름다운 과일에는 벌레가 많이 꼬인다. 어떤 벌레인가? 자만심의 벌레이다. 하나님을 의지하지 않는 벌레이다. 자신의 아름다움과 육체만 신뢰하다가 망하는 사람들이 많다.

육신은 대우해 주면 대우해 줄수록 버릇이 없어진다. 이것이 육신의 속성이다. 성 프란시스는 육신을 고집쟁이 당나귀에 비유했다. 당나귀는 처음부터 제대로 버릇 들이지 못하면 주인이 원하는 길이 아니라 자신이 원하는 길로 간다는 것이다. 너무나 탁월한 비유이다. 처음부터 제대로 길들여 유용하게 사용하지 않으면, 오히려 고집스럽고 게으른 당나귀 같은 육신에게 끌려다닐 수 있다. 우리 삶은 늘 육신을 다스릴 것이냐, 아니면 다스림 당할 것이냐 하는 기로에 서 있다고 해도 과언이 아니다.

이처럼 잘생긴 사람에게는 반드시 크나큰 유혹의 손길이 뻗쳐 오기 마련이다. 바로 치명적인 유혹the fatal attraction의 공격이다. 만약 요셉이 못생겼더라면 창세기는 다시 써야 했을 것이다. 요셉은 준수했기 때문에 유혹이 찾아왔다.

"그 후에 그의 주인의 아내가 요셉에게 눈짓하다가 동침하기를 청하니"창 39:7.

주인의 처는 바로 보디발의 아내이다. 당시 애굽 황제의 경호대장 부인이라는 자리는 아무나 앉을 수 있는 자리가 아니었다. 아마도 보디발의 아내는 얼굴과 몸매만이 아니라 지성도 상당히 갖춘 여자였을 것이다. 더더구나 남편에게 권력과 돈이 있었기에, 자기 자신에게 상당한 투자를 할 수 있는 사람이었다. 피부 관리나 몸매 관리를 철저하게 했을 것이며, 만찬을 베푸는 일에도 능숙한 매너를 발휘했을 것이고, 당시 찬란한 문명하에 꽃을 피우고 있던 그림이나 음악에 대해서도 조예가 깊었을 것이다. 또 정계에 있는 남편을 내조하기 위해 국가나 세계정세에 대해서도 많은 관심을 가지고 있었을 것이다.

다만 한 가지, 남편 보디발은 황제를 보위하느라 지나치게 바빴다는 것이다. 보디발은 아내를 돌볼 시간이 없었고, 가정에 소홀할 수밖에 없었다. 그의 아내는 고상했고 아름다웠으며 모든 것을 갖고 있었지만, 순간순간 외로움을 참아 내야 했다.

바로 그때 성실하고 건장한 꽃미남 요셉이 그녀의 눈 안에 들어왔다. "그 후에 그의 주인의 아내가 요셉에게 눈짓하다가 동침하기를 청하니"창 39:7. 여기서 '눈짓하다'는 말을 히브리 원어로 살펴보면, '눈 안에 계속 두다'라는 뜻이다. 그녀는 요셉을 계속 눈여겨보다가 마침내 동침하기를 청했다. 어느 정도인가 하면, 날마다 청했다. "여인이 날마다 요셉에게 청하였으나 요셉이 듣지 아니하여 동침하지 아니할 뿐더러 함께 있지도 아니하니라"창 39:10.

아름다움이 갖는 어려움 중 하나가 치명적인 유혹을 받는 것인데, 그 유혹의 독특한 특성은 바로 이처럼 치밀하게 계획된 것이며 끈질기고 지속적이라는 점이다.

그녀는 날마다 요셉을 만나려고 그가 가는 길목마다 서서 기다리고 있었으리라. 어쩌면 그녀는 처음 연애를 시작할 때처럼 요셉의 표정 하나하나, 말투 하나하나에 의미를 부여했을 것이다. 요셉이 자신을 향해 웃어 주면 하늘을 다 얻은 것처럼 기뻐하고, 요셉이 일이 있어서 하루라도 마주치지 못한 날은 우주를 다 잃은 것처럼 슬퍼하면서 몸 달아 했을 것이다. 요셉 입장에서는 미치고 환장할 노릇이었다.

그러던 어느 날, "그러할 때에 요셉이 그의 일을 하러 그 집에 들어갔더니 그 집 사람들은 하나도 거기에 없었더라"창 39:11. 그런데 과연 이것이 우연이었을까. 이것은 보디발의 아내가 세운 아주 치밀한 계획이었다.

이 성(性)적인 문제는 마치 타르와 같아서 우리 안에 끈적끈적 붙어서 떨어질 생각을 하지 않는다. 그만큼 유혹은 끈질기고 야비하며 교활하다. 이 보디발의 아내처럼 유혹자들은 가는 곳마다 미리 와서 웃고 있고, 사람 다 쫓아 보내고 함께 시간 보내기를 요구하며, 날마다 마음에 두고 눈짓을 하니, 어지간한 사람들은 다 넘어갈 수밖에 없다.

당시 애굽의 문화는 음란한 문화였다. 게다가 요셉의 입장에서는 지금 이 상황을 이기기가 쉽지 않았다.

첫째, 요셉은 노예였다. 노예는 자기 생각을 주장할 수가 없었다. 그 당시 노예는 귀족 집안의 애완동물과 비슷했다. 따라서 노예가 감히 주인의 말을 듣지 않는다는 것은 있을 수 없는 일이었다. 만약 요셉이 보디발의 아내가 요구한 대로 그녀의 정부가 되어 주었다면, 그의 신분은 보장됐을 것이다. 보호받을 수 있었을 것이다. 그러므로 노예의 신분으로서 이 끈질긴 유혹을 이겨 내기란 결코 쉽지 않았다.

둘째, 요셉은 외로웠다. 그는 고향 집을 떠나 홀로 외롭게 살고 있었다. 외로움은 유혹의 통로이다. 유혹으로 인도하는 문이다. 그 외로움 때문에 요셉은 얼마든지 7계명을 범할 수 있었다. 요셉은 그 당시 20대 중반이었다. 20대 중반은 혈기 방자한 청년의 정욕을 피할 수 없는 질풍노도의 시기이다. 그 시기에 7계명을 범하는 것은 별로 어렵지 않다. 유혹에 넘어가기 십상이다.

셋째, 요셉에게는 믿음의 동역자들이 없었다. 일주일에 한 번씩 만나 말씀 듣고 기도하며 주님 앞에 헌신하는 시간도 없었다. 교회도 없었고, 성경도 없었고, 경건한 친구들과의 교제도 없었고, 경건한 지도자의 멘토링도 없었다. 그는 낯선 이방 땅에서 낯선 이방신도들 속에서 혼자서 하나님을 경배해야 했다.

그럼에도 요셉은 이 치명적인 유혹을 이겨 냈다. 어떻게 그럴 수 있었던 것일까.

테크닉이 아니라 원칙을 세우라

요셉은 무엇을 하고 무엇을 해선 안 되는지에 대한 삶의 분명한 원칙principle을 가지고 있었다. 그것은 바로 하나님께 득죄가 되는가 안 되는가 하는 것이었다. "이 집에는 나보다 큰 이가 없으며 주인이 아무것도 내게 금하지 아니하였어도 금한 것은 당신뿐이니 당신은 그의 아내임이라 그런즉 내가 어찌 이 큰 악을 행하여 하나님께 죄를 지으리이까"창 39:9.

다윗의 범죄를 기억해 보자. "저녁때에 다윗이 그의 침상에서 일어나 왕궁 옥상에서 거닐다가 그곳에서 보니 한 여인이 목욕을 하는데 심히 아름다워 보이는지라 다윗이 사람을 보내 그 여인을 알아보게 하였더니 그가 아뢰되 그는 엘리암의 딸이요 헷 사람 우리아의 아내 밧세바가 아니니이까 하니"삼하 11:2-3. 밧세바가 다윗을 유혹했을 수도 있다. 어쨌든 고의는 아니었더라도 다윗이 유혹에 넘어간 것은 분명하다. 그는 결국 사람을 시켜 그녀를 데려왔고, 7계명을 범했다.

나중에 다윗은 이 범죄를 이렇게 회개한다.

"우슬초로 나를 정결하게 하소서 내가 정하리이다 나의 죄를 씻어 주소서 내가 눈보다 희리이다"시 51:7.

다윗은 황제였다. 늘 시녀들이 깨끗하게 목욕시켜 주고 머리에 기름을 발라 주었다. 그래서 언제나 몸은 단정하고 깨끗

했지만, 범죄 후 그의 마음과 영혼은 더럽혀졌다. 7계명을 범한 죄는 내 몸을 더럽히는 것이 아니라 내 마음과 영혼을 더럽힌다. 그래서 다윗은 이렇게 고백한다. "내가 주께만 범죄하여 주의 목전에 악을 행하였사오니"시 51:4. 나중에서야 그는 사람들이 어떻게 생각하는가에 관계없이, 이 범죄가 하나님의 마음을 슬프게 했음을 깨달았다. 하지만 요셉은 용케 알았다. 7계명은 우리의 몸이 아니라 우리의 영혼을 더럽힌다는 사실을 말이다. 그는 단순히 여인과 7계명을 범하지 않는 게 중요한 것이 아니라, 그 범죄가 하나님 앞에 내 영혼과 내 마음을 더럽힌다는 사실을 알고 있었다.

혼전 성관계를 대수롭지 않게 생각하는 것은 물론, 결혼 생활의 필수품은 애인이라는 말도 심심치 않게 들을 수 있는 요즘 세상 윤리로 본다면, 혹시 요셉이 보디발의 아내와 그렇고 그런 관계가 되었다고 해서 누가 이것을 범죄라고 하겠는가. 하지만 요셉은 사람들의 시선이 아니라 하나님의 눈을 의식했다. 그는 "내가 어떻게 범죄하여 하나님의 마음을 아프게 하리이까" 하는 분명한 삶의 원칙을 지켰던 것이다. 때문에 그는 치명적인 유혹을 뿌리칠 수 있었다.

이처럼 집요하고 교활한 공격을 이겨 낼 수 있는 비결은 바로 명확한 원칙을 세우는 것이다. 그 외에 다른 비결은 없다.

청년부 시절, 나는 리더들과 사역하면서 그들과 함께 한 가지 원칙을 세웠다. 그때 우리는 다음 구절을 자주 외웠다.

"내가 내 눈과 약속하였나니 어찌 처녀에게 주목하랴 그리하면 위에 계신 하나님께서 내리시는 분깃이 무엇이겠으며 높은 곳의 전능자께서 주시는 기업이 무엇이겠느냐"욥 31:1-2.

이 말씀이 우리에게 도전이 되었다. "내가 어떻게 처녀에게 주목하랴" 하다가 그것이 너무 지나쳐 노총각이 된 사람도 있지만, 우리는 이 원칙을 지키려고 애썼다.

오늘 한국 사회나 기독교가 어려워진 것은 원칙이 흔들리기 때문이다. 여론조사 기관 갤럽의 대표 조지 갤럽은 "기독교가 당면한 가장 큰 도전 중 하나는 원칙을 가르치지 않는 것"이라고 말했다. 또한 케네스 캔저는 오늘날 교회가 당면한 도전에 대해 "만일 교회가 교회를 지탱해 주는 기본적인 원칙에 무지하다면, 교회는 세상을 제대로 이해할 수 없을 뿐 아니라 세상을 위해 헌신하지도 못할 것이다. 만일 우리가 교회에 강력한 재교육프로그램을 도입하지 않는다면, 교회는 우리 후손들과 지역사회에 기독교 유산을 전달하지 못할 것"이라고 말했다. 이 말은 오늘날 기독교의 위기가 성경에서 말하는 원칙을 어기고, 세상의 달콤한 문화, 타락한 문화, 위협적인 문화와 타협하면서 비롯된 것이라는 지적이다.

우리를 7계명이라는 치명적인 유혹에서 지키는 것은 요령이 아니라 기본이다. 테크닉이 아니라 원칙이다.

내면의 유혹에 강력하게 대처하라

요셉은 여인의 끈질긴 유혹에 맞서 강력하게 대처했다. 끈질긴 유혹의 상황을 단호하게 거절하고 도망갔다. "여인이 날마다 요셉에게 청하였으나 요셉이 듣지 아니하여 동침하지 아니할 뿐더러 함께 있지도 아니하니라" 창 39:10.

또 여인이 옷을 잡아당기면서 유혹하자, 요셉은 자기 옷을 벗어 버리고 도망쳤다. "그 여인이 그의 옷을 잡고 이르되 나와 동침하자 그러나 요셉이 자기의 옷을 그 여인의 손에 버려두고 밖으로 나가매" 창 39:12. 그 당시 옷이라야 속옷 하나에 겉옷 하나 걸치는 식이었을 것이다. 붙잡힌 겉옷을 벗어 놓고 도망쳤으니, 요셉은 아마 거의 팬티 차림으로 도망갔을 것이다. 바보가 아니었으니 그는 자신의 벗어 놓은 옷이 필시 문제를 불러일으킬 것이라고 짐작했을 것이다.

하지만 요셉은 그 결과에 두려워하지 않고 정욕과 싸울 수밖에 없는 상황에서 무조건 도망쳤다.

바울은 사랑하는 믿음의 아들 디모데에게 "너는 청년의 정욕을 피하고 주를 깨끗한 마음으로 부르는 자들과 함께 의와 믿음과 사랑과 화평을 따르라" 딤후 2:22고 권면했다. 청년의 정욕과 싸운다든지, 청년의 정욕을 묵상하고 연구해서 박사학위 논문 쓰지 말고, 청년의 정욕을 피하라는 것이다. 도망가라는 것이다.

왜 그런가. 성적인 정욕과 장난치다 보면, 인간의 내면은 반드시 유혹의 미끼를 물기 때문이다. 그 미끼가 내면에서 자라 어느 순간 우리 삶을 낚시 바늘에 옭아매는 것이다. 각 사람이 시험받는 것은 남 때문이 아니라 바로 자기 욕심 때문이다. "오직 각 사람이 시험을 받는 것은 자기 욕심에 끌려 미혹됨이니 욕심이 잉태한즉 죄를 낳고 죄가 장성한즉 사망을 낳느니라"약 1:14-15.

7계명의 속성 중 하나는 바로 그것이 내면의 유혹과 관계된다는 점이다. 이 유혹은 미끼 달린 낚싯바늘과 똑같다.

엄마 물고기가 자식 물고기에게 이렇게 말했다.

"한가한 물고기들을 조심해라. 움직이지도 않고 나 잡아 잡수 하고 있는 물고기들을 조심하란 말이야. 그건 사람들 낚싯바늘에 달린 미끼야. 그거 덥석 물었다가는 인생 종친다. 알았지? 그런 건 절대 먹어선 안 돼."

그런데 자식 물고기는 그 말을 한 귀로 듣고 한 귀로 흘려보냈다.

"늙은 엄마 잔소리도 많다. 아휴, 나는 내 길 갈란다."

그날 밤 자식 물고기는 어부의 식탁에 횟감으로 놓여졌다.

처음에 미끼가 얼마나 먹음직도 하고 보암직도 했겠는가. 얼마나 달콤했겠는가. 하지만 내면의 미끼를 무는 순간 얼마나 쉽게 인생이 무너져 내리는지, 얼마나 무서운 속도로 종말을 향해 치닫는지 이 내면의 미끼를 물어 보지 않고는 모른다.

잠시긴 하지만 죄악에는 낙이 있다히 11:25. 내 속에서 펄펄 끓어오르는 내면의 유혹을 장악하기 위해, 우리는 정직하게 자문해 보아야 한다. 정말 피할 길이 없어서 유혹받고 7계명을 범한 것일까? 잠시 죄악의 낙을 누리는 것 때문에 유혹당한 것은 아닐까? 정직하게 자신을 살펴보라. 나 외에는 나를 망하게 할 자가 없다. 오늘 내면의 소리를 들으라. 이 유혹과 성적인 문제에 관해서는 나 외에 나를 망하게 할 사람은 아무도 없다.

사람이 유혹에 끌리는 것은 자기 욕심에 끌려 미혹됨이다. 잠시 죄악의 낙에 끌려서 미혹되는 것이다. 집요하고 교활한 시험 앞에 원칙을 정하라. 내면의 유혹을 단호하고 무정하게 내쳐 버리라.

유혹을 성숙의 디딤돌로 삼으라

요셉은 유혹을 올무가 아니라 오히려 디딤돌로 삼았다.

만약 이 유혹이 없었다면 요셉의 순결한 영혼을 증명할 수 있었겠는가? 그런 어려움이 있었기 때문에 그의 순결한 영혼이 증명되었다. 겨울이 없으면 소나무가 상록수인 줄 누가 알겠는가? 이 유혹을 어떻게 다루느냐에 따라서 성숙한 사람이 되든지 아니면 실족하든지 둘 중 하나이다. 유혹은 우리의 인격을 성숙하게 하고 인격을 시험하는 좋은 도구가 될 수 있다.

유혹 없는 인생을 상상하기란 어렵다. 유혹은 도처에 널려 있다. 대문을 열고 문밖에만 나가면 '미인 있음'이라는 술집 간판이 널려 있다 _{미국에서 돌아온 지 얼마 되지 않았을 때는 그 말이 미국 사람이 있다는 말인 줄 알았다.} 곳곳마다 지뢰밭이다. 이러한 유혹의 거센 물살을 어떤 자세로 헤쳐 나가느냐에 따라서 우리의 인생이 달라진다. 요셉처럼 순결한 영혼으로 자기 자신을 추스르고 성숙과 발전을 향해 나아가 시대의 상록수가 되든지, 아니면 유혹에 빠져 마귀의 횟감이 되어 파멸과 혼란으로 떨어지든지 둘 중 하나이다.

특히 요즘 가정 문제가 정말 심각하다. 한국 교회 그리스도인의 4분의 1이 7계명을 범했다는 통계자료를 본 적이 있다. 오늘 한국 그리스도인 가정 가운데 남편과 아내가 서로 정절을 지키지 못하는 경우가 많다는 것은 무척 슬픈 일이다.

아내 외에 다른 여자, 남편 외에 다른 남자를 두는 게 왜 문제가 되는가? 이것이 왜 치명적인가? 가장 큰 이유는 그것이 언약을 깨뜨리는 행위이기 때문이다. 다른 말로 하면 신뢰를 저버리는 배신행위가 되기 때문이다.

우리는 결혼할 때 부부 사이에 남편과 아내로서 의무를 다하겠노라고 서약한다. 나는 결혼식 주례를 할 때 성혼선포를 이렇게 한다.

"오늘 신랑 00, 신부 00가 부부 된 것을 성부와 성자와 성령의 이름으로 공포하노라. 하나님이 하나 되게 하신 것을 사람이 감히 나누지 못할지니라."

부부 간에 정절을 지키지 못한다는 것은 이 언약을 깨뜨리는 배신행위이다.

오늘 사회가 이렇게 혼란스러운 것은 보이지 않는 이 언약을 깨뜨리는 행위가 이 땅에 만연하기 때문이다. 그리스도인 가정이라고 해서 예외는 아니다.

모든 종류의 사회는 신뢰trust와 헌신commitment, 이 두 가지 위에 세워졌다. 이 두 가지가 없이는 사회나 교회나 가정이나 올바로 유지될 수 없다. 헌신과 신뢰가 사라진 사회는 곧 무너질 수밖에 없다. 인간은 서로 간의 언약을 통해 신뢰를 주고받는 존재인데, 이 신뢰를 배반당하면 깊은 상처를 받게 된다. 수치와 거절을 느끼게 된다. 원한과 좌절과 미움이 쌓이면 자동적으로 인간관계는 파괴된다. 이 독소가 점점 퍼지게 되면 사회는 붕괴될 수밖에 없다. 이것이 오늘날 한국 사회의 문제이다.

신뢰가 깨어진 이 시대 가운데, 그리스도인은 상록수 역할을 감당해야 한다. 18세기 미국 대각성 운동의 주도자인 조나

단 에드워즈1703-1758 목사님의 집안을 보면 대대로 깊은 영성을 지닌 훌륭한 자손들이 많이 나왔다. 교회사적으로 보면 이런 유혹 문제를 잘 견뎌 낸 사람들이 얼마나 귀한 일을 하는지 모른다.

다시 한 번 하나님 안에서 원칙을 발견하라. 앞으로 유혹의 상황이 오면 단호하게 거절하라.

오해 속에서도 신실하게 기다리라

여기서 눈여겨보아야 할 것이 하나 있다. 요셉이 충성되게 하나님의 명령에 원칙적으로 순종했는데, 그 결과가 무엇이었는가. 비열한 여자의 고발이었다.

그녀는 요셉에게 죄를 뒤집어씌웠다. "그 여인의 집 사람들을 불러서 그들에게 이르되 보라 주인이 히브리 사람을 우리에게 데려다가 우리를 희롱하게 하는도다 그가 나와 동침하고자 내게로 들어오므로 내가 크게 소리 질렀더니"창 39:14. 그는 남편에게 히브리 사람을 데리고 왔다고 원망했으며, 자신이 실컷 요셉을 희롱하고 남편을 배신했음에도 오히려 요셉에게 죄과를 물었다.

요셉은 보디발 아내의 집요하고 치밀하고 교활한 공격으로

부터 도망했다. 유혹을 피함으로 떳떳하게 자신을 지켰다. 그랬음에도 그 결과는, 조롱과 배신과 감옥행이었다.

신실함은 당장에 표가 나지 않는다. 늘 하나님께 범죄하지 않기 위해 원칙을 세우고, 그 원칙에 따라 유혹을 물리쳤다고 해서 눈에 띄는 변화가 바로바로 나타나진 않는다. 열심히, 신실하게, 말씀대로 살려고 애써도 처한 상황이 전혀 달라지지 않을 수도 있다. 아니, 요셉처럼 상황이 더 악화될 수도 있다. 하지만 요셉처럼 조금만 더 참으라. 꿈을 잃지 말고 조금만 더 기다리라.

그래서 이렇게는 되지 말라. "에브라임 자손은 무기를 갖추며 활을 가졌으나 전쟁의 날에 물러갔도다"시 78:9. 활도 있고 병기도 갖추었지만 막상 전쟁할 때는 다 도망가 버렸다는 것이다. 예수를 믿는다고 하면서도 이 유혹의 전쟁 가운데 7계명에 와서 걸려 넘어진 인생들이 얼마나 많은가. 병기도 화살도 다 갖췄지만 막상 전쟁할 때는 물러간 수많은 군사들의 시체들로 이 땅은 가득하다. 인류 역사의 뒤편에는 재난과 역경과 비난과 유혹 앞에서 쉽게 포기해 버린 이름 모를 수많은 사람들이 즐비하다.

한국 S그룹의 자회사 해외 영업을 총괄하는 종합상사 대표 이사를 맡았던 사람이 쓴 "나 혼자만이라도 지키자"라는 제목의 글을 소개하고자 한다.

나는 우리 정부와 정치와 사회에 대해 불평불만도 많고 비판적이며 또한 어떤 경우에는 냉소적이기도 하지만 나름대로 이 나라 이 사회를 위해서 나 혼자만이라도 뭔가 해야 한다는 생각으로 20년 이상 철저히 지키고 있는 사항이 하나 있다.

그것은 바로 횡단보도 앞 정지선만큼이라도 철저히 지키자는 것이다. 20여 년 전 운전을 처음 시작할 때부터 지금까지 신호등에 푸른 신호가 들어오면 어떤 일이 있어도 정지선을 넘지 않았다.

1980년 운전을 시작한 이후 지금까지 차 앞바퀴가 정지선에 물린 경우는 거의 없었다. 내 차가 정지선 앞에 섰을 때 좌우양측 차선에 있는 차들이 횡단보도 선을 물고 있거나 횡단보도를 지나 저만치 앞으로 나가면 나는 속으로 이렇게 다짐한다.

'나 혼자만이라도 정지선을 지키자.'

내가 왜 이렇게 철저히 지키는가 하면 교통법규에 그렇게 되어 있기 때문이다. 그리고 어떤 법도 지켜야 한다는 것이 내 소신이자 원칙이기 때문이다.

배울 만큼 배운 사람이 이런 사소한 교통질서 하나 제대로 지키지 못하면서 어떻게 이 나라 이 사회에 대해서 불평을 하며 비판할 자격이 있는가 하는 생각에서, 그리고 나아가 '이 나라 이 사회를 위해서 너는 무엇을 하고 있는 것이냐'라는 자문에 대한 자답으로서 정지선을 철저히 지키고 있는 것이다.

나에게는 분명한 삶의 원칙이 있는가. 이 나라 이 사회를 위해서 나는 무엇을 하고 있는가. 꼭 정지선 지키기가 아니라도 좋다. 등산하는 중에 눈에 보이는 쓰레기를 줍는 것도 좋고, 택시 정류장에서 줄을 서는 것도 좋고, 기업가라면 투명한 경영을 하는 것도 좋고, 공무원이면 평생 뇌물을 받지 않겠다는 것도 좋고, 조용히 이웃을 돕거나 사회봉사 활동을 하는 것도 좋을 것이다.

정부나 시민 단체들처럼 온갖 현란한 구호를 내세워 떠드는 운동이 아니라, 이 나라와 이 사회와 나 자신을 위해서 이것 하나만은 나 스스로 조용히 실천하는 그런 운동을 하나씩 해보면 어떻겠는가? 남이 알아주지 않아도 좋다. 나 혼자만이라도 이 나라와 이 사회와 자신을 위해서 조용히 무엇을 함으로 스스로 진정한 삶의 보람을 느껴 보지 않겠는가?

요셉의 형통을 원하는가? 먼저 요셉처럼 하나님 편에서 분명한 삶의 원칙을 세우라. 그럴 때에만 형통 이후의 치명적인 유혹에 빠지지 않는다.

잠시 죄악의 낙을 누리는 것보다, 그 낙을 이기도록 단호하게 거절할 수 있는 성령의 능력을 가지라. 고통받는 상황 속에서 분노하기보다 먼저 하나님의 뜻인 거룩함을 회복하라. 하나님 뜻을 엉뚱한 데서 찾으려고 하지 말고, 하나님 뜻은 거룩함이라는 사실을 추호도 의심 없이 믿으라. 내면의 유혹을, 사탄의 미끼를 단호하게 거절하라. 요셉처럼 하나님 앞에서 그분과의 언약을 바로 세우라. 유혹으로부터 승리할 수 있는 그리스도의 보혈의 능력과 회복을 구하라.

순종선언 넷

나는 하나님 편에서
분명한 삶의 원칙을 세우겠습니다

형통 이후 치명적인 유혹을 경계하라
자신의 존재를 사람들이 알아줄 때 조심해야 한다. 사람들의 눈에 띄기 시작했을 때 조심해야 한다. 원래 아무것도 없는 사람에게는 유혹도 없는 법이다. 존재가 주목받기 시작했을 때에야 비로소 유혹의 손길이 뻗치기 시작한다.

테크닉이 아니라 원칙을 세우라
요셉은 사람들의 시선을 의식한 것이 아니었다. 그는 "내가 어떻게 범죄하여 하나님의 마음을 아프게 하리이까" 하는 분명한 삶의 원칙을 지켰던 것이다. 때문에 그는 치명적인 유혹을 뿌리칠 수 있었다. 이처럼 집요하고도 야비하고 교활한 공격을 이겨 낼 수 있는 비결은 바로 명확한 원칙을 세우는 것이다. 그 외에 다른 비결은 없다.

내면의 유혹에 강력하게 대처하라
오늘 내면의 소리를 들으라. 이 유혹과 성적인 문제에 관해서는 나 외에 나를 망하게 할 사람은 아무도 없다. 사람이 시험에 끌리는 것은 자기 욕심에 끌려 미혹됨이다. 잠시 죄악의 낙 때문에 끌려서 미혹되는 것이다. 끈질기고 교활한 시험 앞에 원칙을 정하라. 내면의 유혹을 단호하고 무정하게 내쳐 버리라.

유혹을 성숙의 디딤돌로 삼으라

요셉은 유혹을 올무가 아니라 오히려 디딤돌로 삼았다. 만약 이 유혹이 없었다면 요셉의 순결한 영혼을 증명할 수 있었겠는가? 유혹이 있었기 때문에 그의 순결한 영혼이 증명되었다. 겨울이 없으면 소나무가 상록수인 줄 누가 알겠는가? 이 유혹을 어떻게 다루느냐 따라서 성숙한 사람이 되든지 아니면 실족하든지 둘 중 하나이다.

오해 속에서도 신실하게 기다리라

신실함은 당장에 표가 나지 않는다. 늘 하나님께 범죄하지 않으려고 원칙을 세우고 산다고 해도, 그 원칙에 따라 유혹을 물리쳤다고 해도 눈에 띄는 변화는 없을 수 있다. 열심히, 신실하게, 말씀대로 살려고 애써도 내가 처한 상황이 전혀 달라지지 않을 수도 있다. 아니, 요셉처럼 상황이 더 악화될 수도 있다. 하지만 요셉처럼 조금만 더 참으라. 조금만 더 꿈을 잃지 말고 기다리라.

순종선언 기도문 • 넷 •

PRAYER

요셉이 주인에게 인정받기 시작했을 때, 치명적인 유혹의 손길이 뻗쳐 왔다는 사실을 늘 기억하겠습니다. 형통 이후에 더욱 달콤하게 다가오는 교만의 잔, 정욕의 잔과 건배하지 않도록 지켜 주옵소서. 정결했던 요셉에게도 유혹이 닥쳐왔고, 하나님 마음에 합했던 다윗도 결국은 시험에 이기지 못했습니다. 그런데 주님, 저 같은 사람이 어떻게 이 세상의 치명적이고 달콤한 유혹들을 이겨 낼 수 있겠습니까. 이런 죄는 이렇게 피하라, 저런 죄는 저렇게 대처하라는 테크닉을 아무리 배워도 저는 날마다 끈질기고 교활한 죄의 물가를 서성이고 있습니다. 주님, 제가 시선을 사람의 마음에 두지 않고 하나님 마음에 두기를 원합니다. "내가 어떻게 범죄하여 하나님의 마음을 아프게 하리이까" 하는 분명한 삶의 원칙을 지킬 수 있도록 도와주옵소서. 주님, 제게 유혹이 다가왔을 때, 비로소 저의 순결한 영혼을 증명할 성숙의 기회로 삼을 수 있도록 도와주옵소서. 상황이 더 나빠졌다 하더라도 요셉처럼 꿈을 잃지 않고 신실하게 주님의 응답을 조금 더 기다리겠습니다. 예수 그리스도의 이름으로 간절히 기도드립니다.

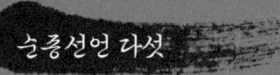

늘증선언 다섯

나는 어떤 상황에서도 낙심하지 않겠습니다

창 39:19 - 40:4

낙심한다는 것은 삶의 주관자 되시는
하나님을 신뢰하지 않는 것이다.
요셉처럼 내 삶의 해석은 하나님 손에 달려 있다는 사실을,
삶의 주관자는 하나님이심을 잊지 말라.
그 하나님을 절대로 잃어버리지 말라.

시선을 주님께 두라

교회는 지상에서 절망을 모르는 유일한 곳이다. 교회에 오면 은혜를 받기 때문이다. 상황이나 사건이나 환경이나 사람을 쳐다보면 도저히 은혜받을 수 없지만, 주님을 향한 시선이 흐려지지 않으면 은혜받을 수 있다. 주님을 향한 시선이 흐려지지 않는다는 것은 낙심의 계절에도, 인생의 곤비한 언덕에서도, 고난의 행군을 하면서도 주님을 향해 초점이 맞춰지는 것을 말한다.

어떠한 환경에서도 주님을 바라보는 시야가 흐려지지 않으면 어느 순간 하나님의 음성이 임한다. 비록 마른 뼈와 같은 인생이라도 하나님의 음성이 삶을 관통하면 마른 뼈가 살아나는 기적이 일어난다.

삶에 이런 기적이 일어나기 위해서는 그 전에 반드시 거쳐야 하는 과정이 있는데, 바로 시각을 교정하는 것이다.

사람에게는 세 가지 시각이 있다.

첫째는 육신의 시각이다. 우리가 눈으로 볼 수 있는 범위는 최대 180도가 되지 않는다. 이처럼 육신의 안목은 한계를 갖는다.

둘째는 정신의 시각이다. 머릿속으로는 360도를 회전해서도 볼 수 있다. 하지만 이 또한 보이는 세계의 수준, 지성의 수준을 벗어나지 못한다.

셋째는 영혼의 시각이다. 영적인 눈은 전후좌우를 두루 살필 수 있다. 역사의 시작과 끝, 역사의 흐름과 현장에 대해 통찰력을 가진다. 특히 영적인 안목은 인생에서 갑작스러운 사건을 만났을 때, 낙심할 만한 일을 겪을 때 필요하다.

낙심落心이란 무엇인가. 한자 그대로 마음을 잃어버리는 것이다. 마음이 답답하고 괴로운 차원이 아니라, 마음을 아예 잃어버렸을 때 쓰는 말이다. 마크 뷰캐넌은 낙심에 대해 재미있는 비유로 이야기한다.

사탄이 중고 물품을 염가에 판매하고 있었다. 그가 사람들을 골탕 먹이고 위협하고 유혹하고 비난할 때 써먹던 도구들이 탁자 위에 진열되어 있고, 각각의 물건엔 값이 매겨져 있었다. 탐욕엔 비싼 값이 매겨져 있었다. 그러나 험담의 가격엔 반도 미치지 못했다. 교만은 웬만한 각오로 사기 힘든 비싼 가격이 매겨져 있었지만 교만이 그중에서 제일 비싼 물건은 아니었다. 탁자 한 귀퉁이에 볼품없고 퀴퀴한 냄새를 풍기는 물건에 가장 높은 가격표가 붙어 있었다. 한 손님이 물었다. "이건 뭔데 이렇게 비싼 겁니까?" "그건 제가 가장 소중히 여기는 겁니다. 여기에 있는 것들 가운데 가장 쓸모 있는 도구지요. 시기와 탐욕과 나태와 정욕이 그리스도인들을 꺾지 못할 때, 심지어 교만마저도 힘을 쓰지 못할 때 이 녀석이 신통하게 재주를 부려서 목적을 이룬단 말씀이에요. 솔직히 말해서 이 탁자 위에 있는 다른 모든 도구로 그리스도인들을 넘어뜨린 것보다 이것 하나로 넘어뜨린 경우가 훨씬 더 많을 겁니다." "이름이 뭡니까?" "그건 낙심이라고 합니다."

요셉은 얼마 전까지만 해도 애굽 최고 경호대장 집안의 대소사를 맡는 가정 총무가 되어 노예 인생에서는 최고의 주가를 올렸다. 하나님께서 베푸신 구원의 손길을 조금 맛보며 숨 돌릴 만한 순간이었다. 그런데 이제는 아예 노예도 아닌 죄수 신분으로 전락하고 말았다. "이에 요셉의 주인이 그를 잡아 옥에 가두니 그 옥은 왕의 죄수를 가두는 곳이었더라"창 39:20.

그뿐 아니다. 그동안 하나님이 함께하시는 사람이라며 보디발이 추켜세웠던 찬사는, 하루아침에 하나님을 믿는 자가 더하다는 비난으로 뒤바뀌었다. 요셉은 그리스도인으로서 명예를 송두리째 잃어버렸다. 참으로 낙심할 만한 상황에 처한 것이다.

요셉을 통해서 볼 때 낙심은 크게 두 가지에서 비롯된다.

첫째, 낙심은 외부적인 환경의 어려움에서 비롯된다

지금 요셉에게는 감옥이라는 그야말로 고통스러운 상황이 닥쳐왔다. 요셉이 갇힌 감옥은 지금의 감옥과는 판이하게 달랐을 것이다. 지금도 죄수에 대한 편견이 팽배한데, 당시만 해도 죄수의 인권에 대한 의식이 전혀 없을 때니까, 감옥은 그야말로 짐승 우리보다도 못했을 것이다. 열악하고 음습하며 불결하고 오물이 가득한, 정말 괴롭기 짝이 없는 곳이었을 것이다. 프랑스의 바스티유 감옥을 떠올린다면 당시의 감옥 상황을 조금이나마 상상해 볼 수 있을 것이다. 오죽하면 술 맡은 관원장에게까지 이렇게 간구했겠는가. "당신이 잘 되시거든 나를 생각하고 내게 은혜를 베풀어서 내 사정을 바로에게 아뢰어 이 집에서 나를 건져 주소서"창 40:14.

요셉의 감옥행에 관해서 한 시편 기자는 이렇게 설명하고 있다. "그가 한 사람을 앞서 보내셨음이여 요셉이 종으로 팔렸도다 그의 발은 차꼬를 차고 그의 몸은 쇠사슬에 매였으니 곧 여호와의 말씀이 응할 때까지라 그의 말씀이 그를 단련하였도다"시 105:17-19. 춘향이가 칼을 쓰고 꼼짝도 못 했듯이 요셉도 그렇게 온몸이 쇠사슬에 얽매여 있었을 것이다.

감옥이란 곳은 사람을 낙심하게 만드는 곳이다. 낙심에 이르게 하는 지름길이다. 신앙의 위대한 선배 세례 요한도 감옥에 갇히자 예수님에 대해서 "오실 그이가 당신이오니이까 우리가 다른 이를 기다리오리이까"눅 7:20라며 반신반의했다. 이 것에 대해 여러 해석이 있지만, 어떻든 요한이 이런 질문을 할 만큼 감옥살이가 쉽지는 않았음을 알 수 있다.

성경학자들은 요셉이 감옥에 들어갔을 때 27세쯤 되었을 것이라고 추측한다. 한창 꽃 피어야 할 나이에, 사랑하는 여인을 만나 가정을 이루어야 할 시기에 요셉의 인생은 다시 한 번 좌절의 길로 들어선 것이다.

둘째, 낙심은 내면적인 어려움에서 온다

사람은 부당한 대우를 받으면 낙심한다. 가장 가까운 사람에게 배신당하면 낙심할 수 있다. 요셉은 이미 형들에게 배신감을 맛보았고, 이번에는 자신이 충성스럽게 섬겼던 보디발에게 배신감을 느꼈다.

보디발은 자기 아내에게 문제가 있었다는 것을 알고 있었을까? 그는 당대 최고 제국의 경호대장이었다. 이 정도 위치가 되려면 그 눈이 보통 매서운 눈이었겠는가. 황제를 암살할 것인지 아닌지를 순간순간 분간해야 하는 그의 눈은 먹이를 한순간에 낚아채는 매의 눈처럼 매서웠을 것이다. 그 정도의 눈썰미가 있는 사람이 자기 아내의 문제를 전혀 몰랐겠는가. 그는 아내가 요셉의 매력에 푹 빠져 있다는 것을 어렴풋이 눈치챘을 것이며, 요셉이 자신에게 충성을 다했다는 사실도 알고 있었을 것이다. 그러면서도 일을 무마하기 위해 감옥에 넣었으니 요셉 입장에서는 배신감이 오죽했겠는가.

게다가 요셉은 자신의 누명을 벗고 감옥 생활을 청산할 절호의 기회를 놓쳤다. "술 맡은 관원장이 요셉을 기억하지 못하고 그를 잊었더라"창 40:23. "가장 슬픈 여인은 잊혀진 여인"이라는 말이 있다. 그런데 잊혀진 남자도 슬프다. 요셉은 잊혀졌다.

그야말로 낙심할 만한 필요충분조건이 다 갖춰진 셈이다. 얼마든지 자기 연민에 빠지고, 얼마든지 좌절하고, 얼마든지 낙심할 상황이었다. 그런데 요셉은 어떻게 이 낙심의 구렁텅이에서 헤어나올 수 있었던 것일까? 그 낙심의 상황을 어떻게 이겨 낸 것일까?

끝까지 하나님을 신뢰하라

요셉은 끝까지 하나님에 대한 신뢰를 잃지 않았다.

친위대장의 감옥에 갇힌 요셉은 애굽 왕의 술 맡은 관원과 떡 맡은 관원을 시중들면서 감옥 생활을 하고 있었다. 그런데 하루는 그들이 이상한 꿈을 꾸었다. "그들이 그에게 이르되 우리가 꿈을 꾸었으나 이를 해석할 자가 없도다 요셉이 그들에게 이르되 해석은 하나님께 있지 아니하니이까 청하건대 내게 이르소서" 창 40:8.

요셉은 그들이 해몽을 요구하기 전에, 해석은 하나님께 있으니 내게 고하라고 선언했다. 하나님께 전적으로 위탁하며 그분의 주권을 인정하고 그분의 인도에 민감한 요셉의 모습을 볼 수 있다. 이를 통해 요셉이 최악의 상황 속에서도 하나님을 향한 신뢰의 끈을 조금도 늦추지 않고 그 상황에 순종하고 있었음을 알 수 있다.

요셉은 어떻게 그렇게 할 수 있었을까. 요셉의 마음속에는 하나님에 대한 분명한 이미지가 있었다. 하나님은 천지와 삼라만상의 모든 상황을 주관하시며, 저 별들을 비롯하여 우주를 장악하고 계시다는 것, 이 땅에 일어나는 모든 사건과 물질세계에서 일어나는 모든 형편들을 통치하고 계시다는 것, 그래서 모든 것을 하나님께 의탁해야 한다는 것을 분명하게 알고 있었다.

봄, 여름, 가을, 겨울이라는 계절의 아름다운 순환과 하늘의 뭇별과 아침 해의 일정함. 이러한 삼라만상의 조화로운 운영을 보면서 요셉은 시편의 시인에게 임했던 하나님의 음성을 들었을 것이다. 시편 121편과 139편은 낙심될 상황에 있었던 요셉이 들었을 말씀이라고 할 수 있다. 그리고 또 이 말씀은 낙심 중에 있는 그의 자녀들에게 들려주시는 하나님의 음성이다. 시편의 말씀을 요셉의 입장에서 재구성해 보자.

요셉아, 나는 너를 찾았고 너를 알고 있다. 나는 너의 앉고 일어섬을 알고 있다. 나는 멀리서도 너의 생각을 알고 있다. 나는 너의 나아감과 누움을 통찰하고 있다. 나는 너의 모든 행위를 익숙히 알고 있다. 네가 무엇이든지 말하기 전에 나는 이미 그것을 확실히 알고 있다.

요셉아, 나는 너를 전후로 둘러싸고 있다. 나는 내 손을 너의 전후좌우로 얹고 있다. 네가 내 신과 내 영을 떠나 어디로 갈 수 있겠느냐. 내 임재를 떠나 어디로 갈 수 있겠느냐.

요셉아, 네가 하늘로 오른다 해도 나는 거기에 있을 것이며 네가 깊음 중에 자리를 편다 할지라도 나는 거기에 있을 것이다. 네가 새벽 날개를 칠지라도, 네가 바다 먼 곳에 거할지라도 거기서도 내 손은 너를 인도할 것이다. 나의 오른손이 너를 강하게 붙잡고 있을 것이다.

요셉아, 흑암이 정녕 너를 덮고 너를 두른 빛이 밤이 되었다 할지라도 그 어둠마저 내 앞에서는 어둡지 않다. 밤 같은 인생이라 할지라도 정오의 해같이 빛날 수 있다. 너는 내 것이기 때문이다.

요셉아, 내가 다시 너를 기억한다. 나는 너를 모태에서 조성했다. 너는 놀랍고 신비하게 지어진 존재임을 순간순간 잊지 말아라.

내가 너를 은밀한 곳에서 만들 때에도 너의 형체는 내 앞에서 숨겨지지 않았다. 나는 너를 땅의 깊음과 함께 만들었다. 나의 눈은 너의 이루어지지 않은 형체를 이미 보았다. 너를 위해 준비된 모든 날들은 그것이 이루어지기 전에 벌써 내 책에 기록되었다.

요셉아, 너를 향한 나의 생각은 광대하며 바다의 모래알보다도 하늘의 별보다도 더 많다.

하나님은 이러한 분이시다. 때문에 낙심한다는 것은 삶의 주관자 되시는 하나님을 신뢰하지 않는 것이다. 요셉처럼 내 삶의 해석은 하나님 손에 달려 있음을, 삶의 주관자는 하나님이심을 잊지 말라. 그 하나님을 절대로 잃어버리지 말라.

나보다 더 어려운 사람을 섬기라

요셉은 낙심할 만한 상황에서도 남을 섬겼다.

요셉은 감옥 안에서 왕의 술 맡은 관원과 떡 맡은 관원의 꿈을 해석해 주었다. 떡 맡은 관원은 자신이 머리에 떡을 지고 가는데, 그것을 새들이 와서 쪼아 먹는 꿈을 꾸었다고 했다. 그런데 요셉은 이 꿈을 이렇게 해석했다. "지금부터 사흘 안에 바로가 당신의 머리를 들고 당신을 나무에 달리니 새들이 당신의 고기를 뜯어 먹으리이다 하더니" 창 40:19.

아무리 정직한 요셉이라도 당사자에게 죽는다는 말을 하기는 쉽지 않았을 것이다. 될 수 있으면 피하고 싶었을 것이다.

이왕이면 좋은 말을 하고 싶었을 것이다. 그럼에도 요셉은 정직했기 때문에 하나님의 해석 그대로 들려주었다. 그리고 이 말을 들려줄 때 요셉은 떡 맡은 관원에게 복음, 곧 '영원한 삶'을 전했을 것이다. "떡 맡은 관원님, 제 말을 섭섭하게 생각하지 마십시오. 인생에는 반드시 죽음이 찾아옵니다. 하지만 죽음 이후에는 영원한 삶이 반드시 있습니다. 이제 관원님은 3일 뒤면 이 세상을 떠날 것이지만, 하나님이 준비해 두신 영원한 하늘나라에 소망을 두십시오. 하나님은 우리를 어둠에 내버려 두지 않으실 것입니다."

대개 사람들은 어려움을 겪으면, 자기 문제에 짓눌려서 남의 어려움은 생각도 하지 못할 때가 많다. 남 도울 생각은커녕 자기 연민에 빠져 허우적거리는 사람들이 대부분이다. 그런데 요셉은 자신도 힘든 상황에서 자기보다 더 어려운 처지의 사람들을 도와주었다. 낙심할 수밖에 없는 환경에서도 하나님에 대한 신뢰와 충성됨을 잃지 않았을 뿐만 아니라, 사람을 섬기는 변함없는 충실함을 보여 주었다. 하나님에 대한 신뢰와 충성이 사람들에 대한 충실함으로 이어졌다. 이것이 요셉의 빛나는 현명함이었다. 그는 낙심을 벗어날 수 있는 하나님의 원리를 알고 있었다.

인생에서 분명한 사실은, 지금 자살할 수밖에 없는 답답하고 고통스러운 현실을 겪고 있다 해도 나보다 더 힘든 사람은 반드시 있다는 것이다. 육신의 눈이나 정신의 눈만이 아니라 영혼의 눈을 떠서 보면, 반드시 나보다 더 고통스러운 사람이 있다.

어려울수록, 낙심할 상황이 될수록 나보다 더 어려운 사람을 돕는다면 하나님은 낙심의 굴을 돌파하도록 길을 열어 주신다. 물론 내가 처한 어려움 속에서도 남을 섬기겠다는 마음을 갖는 것은 쉬운 일이 아니다. 하지만 이것은 우리에게 요구되는 분명한 영적인 원리이다.

영혼의 시력을 교정하라

낙심은 영적인 시력을 교정하는 하나님의 방법이다. 180도 육신 세계뿐만 아니라 360도 정신세계까지 인생에서 일어나는 모든 사건들을 다 파악할 수 있는, 영혼의 안목을 키울 놀라운 기회이다. 하나님은 때로 우리 인생에서 애지중지하는 것들에 대해 낙심하게 하신다. 인생의 가장 좋은 것에 대해 실망하도록 이끄신다. 우리가 이 세상 문제나 이 세상 즐거움에 눈이 붙들려서 정말 중요한 것을 보지 못할 때, 그 시각을 교정하기 위해 낙심케 하신다.

예를 들어 애지중지 사랑하는 연인이 있다 치자. 저 사람 없으면 못 살겠다면서 "당신은 나의 태양! 유일한 태양! 어둡고 그늘져 보이는 잿빛 같은 인생일 때 당신이 날 행복하게 만들어 줍니다!"You are my sunshine my only sunshine! You make me happy when skies are gray! 하고 노래 부른다면 하나님은 이렇게 말씀하실 것이다.

"그 사람이 아니라 내가 태양이야. 어두운 잿빛 같은 너의 인생을 행복하게 만들어 주는 것은 그 사람이 아니라 내 몫이야."

연인과의 사랑에 목숨 걸면, 하나님은 어떤 어려움을 주셔서 하나님을 향한 영적 시각을 교정시키신다. 물론 겪을 때는 아프지만, 낙심케 함을 통해 시각을 교정받는 것이야말로 하나님의 분명하고도 선한 인도하심이다.

하나님은 사람을 쓰실 때 푸른 초장, 쉴 만한 물가로 인도하지 않으신다. 그분의 사람들에게 비전을 주시고 나서 어떨 때는 문제투성이 한가운데 갖다 놓으신다.

에스겔서 36장과 37장을 보면 하나님은 에스겔에게 환상과 비전을 보여 주신다. 마른 뼈에 영혼의 생기가 불어넣어져 하나님 나라의 멋진 군대가 되는 영광스러운 비전을 보여 주신다. 그때 하나님은 저 경치 좋은 스위스 같은 아름답고 황홀한 지역으로 데려가지 않으셨다. 그보다는 아무것도 없는 황량한 곳으로 데려가셨다. 그리고 그에게 물으셨다.

"에스겔아, 네가 무엇을 보느냐?"

"하나님, 아무것도 보이지 않습니다."

"그래도 이야기해 봐라."

"해골밖에 보이지 않습니다."

"또 무엇을 보느냐?"

"마른 뼈들만 보입니다."

눈을 들어 볼 수 있는 것은 마른 뼈와 해골뿐이었다. 문제투성이였다. 소망이 없었다. 에스겔이 아무것도 없다고 생각했을 때 하나님은 말씀의 생기가 임하게 하여 그 마른 뼈들이 하나님 나라를 위한 영광스런 군대가 되는 놀라운 환상과 비전을 보여 주셨다. 내 힘으로도 안 되고, 내 실력으로도 안 되고, 내 능력으로도 절대로 안 되는 상황에 갖다 놓으시고 오직 하나님만을 의뢰할 수 있도록 시각 교정을 하셨던 것이다.

살다가 마른 뼈나 해골 같은 낙심할 환경과 어려움을 만날 때, 그 순간 하나님이 우리의 영적 시각을 교정하시기 위해 그곳으로 인도하셨음을 확신하라. 낙심할 환경에서 오직 하나님만을 바라보게 하시려는 것이다. 주님에게만 집중하게 하시려는 것이다. 주님만을 더 사모하게 하시려는 것이다.

예수 믿는 사람과 믿지 않는 사람의 결정적 차이는, 낙심할 만한 어려움이 닥쳐왔을 때 드러난다. 예수 믿지 않는 사람은 그것으로 큰 충격을 받는다. 넘어져 다신 못 일어날 수도 있다. 하지만 예수님을 믿는 사람은 어려움을 겪는 중에도 절대로 낙심하지 않는다. 오히려 하나님을 더욱 사모한다. "내 영혼아 네가 어찌하여 낙심하며 어찌하여 내 속에서 불안해하는가 너는 하나님께 소망을 두라 그가 나타나 도우심으로 말미암아 내가 여전히 찬송하리로다"시 42:5.

살다 보면 십자가를 지는 것 같은 낙심되는 환경에 처하기도 한다. 하지만 그 상황에서 하나님께로 눈을 돌린 이후부터는 "예수로만 나의 보배 삼겠네" 하는 고백이 절로 터져 나오게 된다. 영적인 눈이 확 열리기 시작하는 것이다.

예수님은 어떤 분이신가. 그분은 하늘의 황태자 직위를 버리시고 인간의 모습을 입고 오셨다. 그렇게 오신 예수님은 "여우도 굴이 있고 공중의 새도 집이 있으되 인자는 머리 둘 곳이 없노다"눅 9:58라고 딜어놓으셨다. 주님은 처절한 외로움을 겪으셨기에, 애인에게 버림받고 세상에 홀로 남겨진 듯한 심정을 잘 아신다. 우리 주님은 영원하고도 찬란한 세계에서 누추한 마구간의 연약한 아기로 태어나신 분이기에, 갑자기 경제적으로 파산한 사람들의 심정도 잘 아신다. 천사들을 호령하는 왕중왕이셨으나 포악한 왕의 진노를 피하여 도피하셨고 바리새인들의 핍박을 당해 보셨기에, 한때 굉장한 사회적 위치를 누리다가 좌절한 사람들의 어려움도 잘 알고 계신다. 3년 동안 진액을 쏟아 가며 가르쳤던 제자들이 가장 힘든 순간에 다 도망쳤기에, 주님은 정말 가까운 사람들의 배신이 얼마나 뼈아픈 고통을 주는지도 잘 알고 계신다. 때문에 주님은 인생살이의 모든 고난 속에 처한 사람들에게 새 힘을 주시고, 낙심한 마음을 일으키실 수 있다. 우리가 낙심의 계절에 주님을 더 사모하고, 더 갈망하며 주님밖에 없다고 고백할 수 있는 이유가 바로 여기에 있다. 이러한 고백을 하기까지, 영혼의 눈이 이렇게 활짝 열리기를 하나님은 기다리고 계신다.

나는 낙심될 때마다 바울의 고백을 되뇐다.

"형제들아 우리가 아시아에서 당한 환난을 너희가 모르기를 원하지 아니하노니 힘에 겹도록 심한 고난을 당하여 살 소망까지 끊어지고 우리는 우리 자신이 사형선고를 받은 줄 알았으니 이는 우리로 자기를 의지하지 말고 오직 죽은 자를 다시 살리시는 하나님만 의지하게 하심이라"고후 1:8-9.

"그러므로 우리가 이 직분을 받아 긍휼하심을 입은 대로 낙심하지 아니하고…우리가 사방으로 우겨쌈을 당하여도 싸이지 아니하며 답답한 일을 당하여도 낙심하지 아니하며 박해를 받아도 버린 바 되지 아니하며 거꾸러뜨림을 당하여도 망하지 아니하고…그러므로 우리가 낙심하지 아니하노니 우리의 겉사람은 낡아지나 우리의 속사람은 날로 새로워지도다"고후 4:1, 8, 9, 16.

낙심은 마음을 잃어버리는 것이다. 기억하라. 궁극적으로 낙심은 내 인생에 대한 하나님의 주권을 인정하지 않는 것에서 시작된다. 낙심할 만한 환경이 지금 당장 해결되지 않을 수도 있고, 나를 괴롭히는 사람들의 행동거지가 조금도 변화되지 않을 수 있다. 하지만 온 우주의 주권자인 주님께 순종한다면 우리의 마음이 먼저 달라질 것이다. 이 새로워진 마음을 가지고 이 시대를 향하여 불평선언이나 시국선언이 아니라 주님을 더욱 닮아 가는 순종선언을 하기 바란다. 낙심 대신 하나님을 향한 갈망으로 바꿔 주실 주님을 찬양하라. 감옥 같은 괴로움에 갇히고 인생의 쇠사슬에 묶여 고통스럽다면, 이 시간 하나님을 향한 신뢰의 끈을 다시 한 번 강하게 붙잡으라. 마음을 잃었다면, 다시 한 번 영적인 안목을 회복함으로 말미암아 나보다 더 어려운 이웃을 돌아보는 영안이 열리기를 구하라. 마른 뼈두 소생시켜 주시는 기적을 체험할 수 있는 영적인 시야를 회복하라.

순종선언 다섯

나는 어떤 상황에서도 낙심하지 않겠습니다

시선을 주님께 두라

상황이나 사건이나 환경이나 사람을 쳐다보면 은혜를 받을 수 없지만, 주님을 향한 시선이 흐려지지 않으면 은혜받을 수 있다. 주님을 향한 시선이 흐려지지 않는다는 것은 낙심의 계절에도, 인생의 곤비한 언덕에서도, 고난의 행군을 하면서도 주님을 향해 초점이 맞춰지는 것을 말한다.

끝까지 하나님을 신뢰하라

요셉의 마음속에는 하나님에 대한 분명한 이미지가 있었다. 하나님은 천지와 삼라만상의 모든 상황을 주관하시고, 저 별들과 우주를 장악하고 계시다는 것, 이 땅에 일어나는 모든 사건과 물질세계에서 일어나는 모든 형편들을 통치하고 계시다는 것, 그래서 모든 것을 하나님께 의탁해야 한다는 것을 분명하게 알고 있었다.

나보다 더 어려운 사람을 섬기라

요셉은 자신도 힘든 상황에서 자기보다 더 어려운 처지의 사람들을 도와주었다. 낙심할 수밖에 없는 환경에서도 하나님에 대한 신뢰와 충성됨을 잃지 않았을 뿐만 아니라, 사람을 섬기는 변함없는 충실함을 보여 주었다. 이것이 요셉의 빛나는 현명함이었다. 그는 낙심을 벗어날 수 있는 하나님의 원리를 알았던 것이다.

영혼의 시력을 교정하라

살다가 마른 뼈나 해골 같은 낙심할 수밖에 없는 환경과 어려움을 만날 때, 그 순간 하나님이 우리의 영적 시각을 교정하시기 위해 그곳으로 인도하셨음을 확신하라. 낙심할 수 있는 환경에서 하나님만을 바라보게 하시려는 것이다. 주님에게만 집중하게 하시려는 것이다. 주님만을 더 사모하게 하시려는 것이다.

순종선언 기도문 ● 다섯 ●

PRAYER

주님, 제게 영혼의 시각을 열어 주십시오. 상황이나 사건이나 환경을 바라보는 육의 시선, 정신의 시선을 뛰어넘어서 영혼의 시선을 갖기 원합니다. 주님을 향한 시선이 흐려지지 않기를 원합니다. 낙심의 계절에도, 인생의 곤비한 언덕에서도, 고난의 행군을 하면서도 주님을 향해 초점을 맞추고 있겠습니다. 끝까지 하나님을 신뢰하겠습니다. 저보다 더 어려운 사람을 섬기겠습니다.

   주님, 제가 오늘 마른 뼈나 해골 같은 낙심할 수밖에 없는 환경과 어려움을 만나도, 주님이 저를 너무나 사랑하셔서 저의 영적 시력을 고쳐 주시려고 이러한 상황을 주셨음을 믿기 원합니다. 하나님만 바라보게 하시려고, 더욱 집중하게 하시려고, 제 영혼의 시력을 교정하시려고 이런 낙심할 수밖에 없는 상황을 주신 주님, 감사합니다. 제 영혼의 안목이 깊어져서 주님을 향한 찬양이 끊이지 않도록 지켜 주옵소서. 예수 그리스도의 이름으로 간절히 기도드립니다.

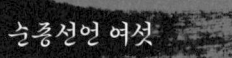
늑중선언 여섯

나는 모든 상황에서
사람을 두려워하지 않겠습니다

창 41:1-36

하나님을 두려워하지 않으면 세상 사람을 두려워하게 되어 있다.
하나님이 두려워 그 앞에서 도와 달라며 기도로 간구하는 사람은,
세상 사람들에게 아쉽게 손 비비지 않는 법이다.

하나님의 가치관을 확립하라

고대사회로부터 사람들의 모든 관심은 어떻게 하면 많은 돈을 벌고, 어떻게 하면 권력을 얻으며, 어떻게 하면 아름다운 여자를 얻느냐에 집중되어 왔다. 이렇게 하여 권력과 돈과 여자의 함수관계가 성립된다. 말하자면 돈, 권력, 섹스가 이 세상을 지배하는 가치관인 것이다.

《미국에서의 돈과 계급》이라는 책에서 루이스 라펨 교수는 "미국에서 발생하는 범죄의 90퍼센트가 돈과 섹스 문제로 일어난다"고 말했다. 이러한 통계는 비단 미국에만 적용되는 것이 아닐 것이다.

지금은 비록 감옥에 갇혀 있지만 한때는 권력의 실세였던, 이름만 대면 다 알 만한 사람이 내게 이런 말을 한 적이 있다.

"주체할 수 없이 많은 돈과 여자는 권력의 부산물이었습니다."

이 나라 정치를 뒤흔들었던 뉴스의 대부분은 새로운 사회 시스템에 관한 것이 아니었다. 거의 다 정치인과 돈에 얽힌 냄

새나는 문제들에서 파생된 것들이었다. 사람들은 권력과 돈과 여자가 범죄의 뿌리임을 잘 알고 있다. 하지만 여전히 수많은 사람들이 불구덩이에 뛰어드는 부나비처럼, 죽을 줄 알면서도 그 주변을 서성이고 있다. 그것이 바로 세상이 가르치는 가치관이기 때문이다.

그렇다면 이런 세상을 향한 그리스도인의 태도는 어떠할까? 태도 면에서 보통 네 가지 유형의 그리스도인이 있는 것 같다.

첫째, 무늬만 그리스도인

세상과 완전히 동화된 그리스도인이다. 이름만 크리스천이다. 예수님을 믿는다면서도 세상 사람들과 똑같이 산다. 영향력을 미치기는커녕 오히려 기가 막히게 타협을 잘한다. 세상 사람들과 다른 것이 있다면, 좌우지간 주일에는 교회에 얼굴을 내비친다는 것이다. 요새는 교회에서 찬송도 말씀도 빔 프로젝터로 자막 처리해서 다 보여 주니까, 성경이나 찬송가를 챙기는 수고도 하지 않고 빈손으로 털레털레 교회에 나오는 사람들이다.

이들은 머리카락 잘린 삼손과도 같다. 영적으로 너무 비참한 사람들이다. 디모데전서 1장의 알렉산더와 후메내오처럼 실제로는 하나님 이름만 더럽히는 사람들, 또 디모데후서 4장의 이 세상을 사랑하여 데살로니가로 간 데마와 같은 사람들이 바로 무늬만 그리스도인인 사람들이다.

둘째, 어정쩡한 그리스도인

이들은 세상 가치관의 영향을 받는 그리스도인이다. 이런 사람들은 빛과 소금이 되기는커녕 영적 생활을 굉장히 소극적으로 한다. 세상 사람들이 자기를 조롱하고 따돌릴까 봐 세상 사람들의 눈치를 보느라 영적인 생활을 소극적으로 한다. 이도 저도 아닌 인생들이다.

그러니 늘 절망스러울 뿐이다. 스트레스 팍팍 받으며 신앙생활할 수밖에 없다. 제대로 믿지도 않으면서, 한편으로 죄도 제대로 못 짓는다. 하나님 앞에 가까이 나가지도 못하면서 중간에서 어정쩡하게 스트레스만 받는다. 주로 모태신앙인 가운데 은혜를 확실히 받지 못한 사람들이 이 범주에 포함된다. 이런 사람들한테 슬쩍 물어본다.

"왜 그렇게 어정쩡하게 신앙생활합니까? 믿으려면 확실하게 불같이 믿고 그렇지 않으려면 세상으로 팍 가든지 하는 게 낫지 않습니까?"

그러면 이렇게 대답한다.

"지금까지 믿은 것이 아까워서 어떻게 갑니까?"

셋째, 격리형 그리스도인

이들은 세상과 격리된 사람들이다. '죄 많은 이 세상, 나 어이 살리오' 하면서 문제만 있다 하면 기도원으로 도망가는 사람들이다. 남편 밥도 안 해 주고 아이들도 안 챙기고, 날마다 은혜의 자리만 찾아다닌다. 날마다 교회에서, 기도원에서, 성경 프로그램 속에서 살지만, 사실 그 본심에는 은혜를 모르는 자들과는 함께 살기 싫다는 영적인 교만이 더 크게 자리 잡고 있을 때가 많다. 그러니 아무리 은혜받고 믿음 좋다 한들 세상 사람들에게 아무런 영향력을 끼칠 수 없다.

넷째, 영향 만점 그리스도인

하나님의 주권을 삶 속에서 확인하고 세상을 향하여 영향을 끼치는 그리스도인들이다. 세상을 향해, 이웃을 향해 부단히 영향을 끼치며 적극적으로 영적인 생활을 하는 사람들이다. 하나님이 원하시는 영적 성숙과 사명을 이루는 사람들이다.

조만식, 안창호, 지미 카터 같은 크리스천 정치가와 장기려 박사 같은 크리스천 의료인, 김용기 장로님 같은 크리스천 농사꾼이 바로 영향력 있는 그리스도인들이다.

장기려 박사의 제자 가운데, 서안 복음병원장을 거쳐 지금은 포항 선린병원 원장이 되신 이건호 장로님이라는 분이 있다. 이분은 목요일마다 포항시 지도자들을 모아 놓고 성경공부를 시작했다. 포항 시장, 포항 검찰 지청장, 포항 소재 대학 총장들, 포항에 있는 시의장, 그 외에도 지도력 있는 그곳 인사들을 모아 성경공부를 해 오고 있다. 이 성경공부 모임은 포항 홀리클럽(성시화 운동)의 시발점이 되었다. 홀리클럽 역사상 그 나라의 수도가 아닌 곳에서 운동이 시작된 것은 전 세계에서 유례없는 일이다. 장로님 한 분의 작은 시작이 이런 대전환을 가져온 것이다.

그런가 하면 김용기 장로님의 가나안 농군학교는 필리핀, 방글라데시, 인도, 요르단 할 것 없이 세계 곳곳에 세워져 있다. 한 사람의 영향력이 기독교가 없는 힌두교 나라에도, 이슬람 나라에도 퍼져 가고 있는 것이다. 이렇게 하나님의 가치관을 확립한 단 한 사람의 그리스도인이 펼치는 영향력은 불가능해 보이는 상황도 극복할 수 있을 만큼 크다.

시작도 끝도 하나님임을 고백하라

요셉은 절체절명 인생의 최대 변곡점 위에 서게 되었다. 그 당시 세계 최대 왕국 이집트의 왕이 꿈을 꾸었는데 그 왕 앞에서 꿈 해석을 해야 하는 상황이 된 것이다.

나일 강 삼각주에서 윤기가 자르르 흐르고 탐스러운 일곱 소가 나타나 풀을 뜯고 있는데, 갑자기 흉악하고 못생기고 징그럽고 파리한 일곱 소가 나타나 그 소들을 다 잡아먹어 버렸다. 그다음에 또 보니 아름다운 이삭이 있었는데 동풍에 메마르고 세약한 이삭이 나와 그 풍성한 이삭을 다 잡아먹어 버렸다는 꿈이다.

"아침에 그의 마음이 번민하여 사람을 보내어 애굽의 점술가와 현인들을 모두 불러 그들에게 그의 꿈을 말하였으나 그것을 바로에게 해석하는 자가 없었더라" 창 41:8. 바로는 그 꿈을 꾸고 나서 정신이 산란했다. 번민이 시작되었다. 바로는 애굽에 있는 똑똑하다는 현자들과 박사들과 술객들을 불러 꿈을 해놓하라 했지만 아무도 제대로 된 답을 내놓지 못했다.

그때 요셉의 감옥 동기생인 술 맡은 관원장이 바로에게 고힌다. "술 맡은 관원장이 바로에게 말하여 이르되 내가 오늘내 죄를 기억하나이다" 창 41:9. 이런 상황이 되자 술 맡은 관원장은 갑자기 요셉이 생각났다. 물론 그의 기억력을 하나님이 사용하신 것이지만 말이다. 그는 바로에게 과거에 감옥에서 요셉이라는 청년이 꿈 해석을 잘해 주었다고 말했다. 바로는 그 요셉을 당장 데려오라고 했다.

요셉은 이 꿈을 해석하기 시작했다. 7년의 풍년, 그러니까 역사에 없었던 대풍작이 올 것이고 이어서 그 풍작을 전혀 기억하지 못할 만큼 극심한 흉년이 들 것이라고 했다. 그래서 유능한 지도자를 세워 그 흉년을 대비하면 좋을 것이라는 조언까지 왕에게 해 주었다.

인류 역사상 최고의 경제학자는 피터 드러커도, 케인즈도 아닌 바로 요셉이다. 지금같이 정보통신과학이 발달한 시대에도 단 3개월의 경제 상황조차 예측하기 힘들다. 만약 3개월간만이라도 경제 상황을 예측할 수 있다면 어떻게 되겠는가. 미국 월가의 주식을 사고 팔아 떼돈을 벌 수 있을 것이다. 그러나 아무도 그 돈을 벌지 못한다. 3개월 앞의 경제 상황을 예측할 사람이 없기 때문이다. 그런데 요셉은 무려 14년간의 경제를 예측하고 대제국의 경제를 든든히 세웠다.

요셉의 식견에 바로가 이렇게 말하는 것도 당연했다. "이와 같이 하나님의 영에 감동된 사람을 우리가 어찌 찾을 수 있으리요"창 41:38. 바로, 곧 파라오는 누구인가. 신이라 불린 사람이다. 당대 애굽 사람들에게 태양신의 아들로 신격을 부여받은 왕이었다. 그런 그가 요셉을 향하여 이렇게 칭송하는 고백을 한 것은 놀라운 일이다.

"요셉에게 이르되 하나님이 이 모든 것을 네게 보이셨으니 너와 같이 명철하고 지혜 있는 자가 없도다"창 41:39. 바로가 누구인가. 그는 죄수 출신 요셉과는 비교도 안 되는 황실 교육을 받고 자란 사람이다. 그는 당대 최고의 일류 석학들에게서 애굽의 가치관, 문화관, 역사관, 인생관을 배웠을 것이다. 그런 그가 초라한 죄수 출신인 요셉을 향하여 이렇게 칭송한 것이다.

요셉의 예측이 얼마나 정확했는가는 다음 말씀이 증명해 주고 있다. "각국 백성도 양식을 사려고 애굽으로 들어와 요셉에게 이르렀으니 기근이 온 세상에 심함이었더라"창 41:57. 전 세계 모든 나라가 요셉에게 와 매달렸다는 것이다. 요셉은 14년 동안 이 세상 최대 왕국 백성들을 먹여 살렸을 뿐만 아니라 한 세대를 경제적으로 온전히 굳게 세웠다.

역대 성경 인물들 중에서도 이처럼 멋지게 세상을 압도한 모델은 찾아볼 수 없다. 요셉은 어떻게 이런 영향력을 가진 인물이 될 수 있었으며, 한 시대의 완벽한 전문가가 될 수 있었을까? 하나님의 뜻을 분명하게 읽어 내는 진정한 영적 성숙은 어디에서 비롯된 것일까?

영적인 눈이 열렸는지 닫혔는지는, 자신에게 일어나는 일을 어떤 식으로 해석하며 자신이 당한 어려운 일을 어떤 눈으로 바라보는가를 보면 파악할 수 있다. 요셉의 꿈 해석 방법을 보면 그가 자기 인생을 어떤 식으로 해석하고 있는지 알 수 있다.

요셉은 꿈을 해석하기에 앞서 이렇게 말했다. "요셉이 바로에게 대답하여 이르되 내가 아니라 하나님께서 바로에게 편안한 대답을 하시리이다"창 41:16. 요셉은 또 꿈 해석의 마지막을 이렇게 마무리 짓는다. "바로께서 꿈을 두 번 겹쳐 꾸신 것은 하나님이 이 일을 정하셨음이라 하나님이 속히 행하시리니"창 41:32.

영적으로 성숙한 요셉은 모든 일의 시작과 끝에서 하나님을 보았다. 요셉은 오로지 하나님만으로 설명되는 삶을 인정했다. 그렇지 않았다면 그 답답한 감옥살이를 어떻게 감당할 수 있었겠는가? 억울해서 한시라도 살 수 있었겠는가?

우리는 날마다 어떤 일에 부딪힌다. 짐을 지기도 하고 상처도 받는다. 고통을 겪는다. 그 순간 나의 해석 방법은 무엇인가. 사람인가, 돈인가, 경험인가? 그것이 바로 나의 가치관이며 인생관이다. 삶에 닥친 사건을 돈의 유무로만 판단한다면 돈에 지배받는 가치관을 가진 사람이요, 이전의 경험으로만 판단한다면 지나치게 인본주의적인 가치관을 가진 사람이다.

요셉은 삶의 사건을 해석할 때 하나님으로 시작하고 하나님으로 마쳤다. 만약 자신의 삶을 하나님 관점에서 해석할 수 없었다면, 그는 이미 오래 전에 살 소망을 잃었을 것이다. 생각해 보라. 나이 17세에 친형들로부터 살해당할 위험을 겪었으며, 애굽에 노예로 팔리는 엄청난 배신을 당했다. 보디발의 아내 때문에 성폭행범으로 몰린 수치스러운 삶은 또 뭘로 치유할 수 있었겠는가. 2년 넘도록 음습하고 더러운 애굽의 밑바닥 감옥생활을 하면서 겪었던 억울함은 정신병자가 되기에 충분한 조건이지 않는가.

아무리 생각해 봐도 자기에게 왜 이런 일이 생겼는지 도무지 알 수 없었기에, 왜 이런 무지막지한 일을 당해야 하는지 이해할 수 없었기에 요셉은 자기 인생에 대한 해석을 하나님으로 시작해서 하나님으로 마무리할 수밖에 없었던 것이다.

도무지 이해할 수 없는 어려운 상황이 닥쳤을 때, 인생을 돈이나 사람으로 해석하지 말아야 한다. 자기 경험이나 가치관으로도 해석하지 말아야 한다. 요셉처럼 오직 여호와 하나님만으로 해석하기를 바란다.

이처럼 만사에 대한 해석을 하나님으로만 시작하고 하나님으로만 마칠 수 있었던, 요셉의 세상을 이기는 영성에는 다음과 같은 특징이 있었다.

한결같고 겸손한 영성을 가지라

세상을 이기는 영성은 그야말로 성실하게 한결같은 인생을 살아가는 것이다. 하나님만으로 모든 것이 설명되는, 하나님 안에서의 성실함, 한결같음faithfulness이다. 하나님이 내 삶을 주관하고 계시기에 불안해하거나 불평하거나 원한을 품지 않고 한결같이 일정한 보폭으로 삶의 길을 걸어가는 것이다.

요셉은 보디발의 집에 노예로 팔릴 때나 감옥에 갇힐 때나, 또 꿈을 해석하기 위해 왕에게 나갈 때조차도 하나님 앞에 나가는 것처럼 신실함의 자세를 흐트러뜨리지 않았다. 때와 장소를 불문하고 항상 성실했다.

그렇다면 어떻게 해야 하나님 안에서 한결같을 수 있을 것인가.

일단, 하나님의 인도하심에 대한 확신을 가져야 한다.

요셉은 어찌됐던 간에 하나님이 자신을 인도하시고 역사하신다는 그 사실에 대해서 추호도 의심이 없었다.

"요셉이 바로에게 아뢰되 바로의 꿈은 하나라 하나님이 그가 하실 일을 바로에게 보이심이니이다" 창 41:25. 꿈을 꾼 사람은 바로이고 바로가 주체인 것 같지만, 사실은 하나님이 바로를 붙잡으시고 꿈꾸게 하셨다는 것이다. 하나님의 인도하심에 대해 확신할 때 우리는 한결같음을 유지할 수 있다.

예수 믿고 구원받았고 일생이 예수님 손에 있다는 것을 확신한다면, 나를 창조하시고 그리스도의 핏값만큼이나 귀하게 여기신 하나님이 반드시 인도하시리라는 것도 함께 확신하라. 이 마음 자세를 흐트러뜨리지 말라. 그래야 한결같음을 유지할 수 있다. 그렇지 않으면 우리의 감정은 심한 기복을 경험할 수밖에 없다.

인도하심을 확신한다면, 섭리를 이루시는 하나님의 신비한 능력을 신뢰해야 한다.

지극히 비천한 노예였던 요셉을 들어서 당대 최고의 절대자였던 바로와 그의 신하들을 부끄럽게 하심으로 하나님께서는 자신의 능력을 보여 주셨다.

하나님의 나라는 말에 있지 아니하고 능력에 있다. 누룩과 같이 초라하고 아무것도 아닌 것이 전체를 발효시키는 능력을 갖는다. 이는 신비한 능력이다. 하나님의 인도하심에 대한 확신과 한결같음을 유지하는 사람에게 하나님은 바로 이러한 능력을 베푸신다. 하나님은 신비한 능력으로 기적을 베푸시는 분이다. 기적이라는 것은 초자연법칙의 지배를 받는다. 하나님은 법칙을 만든 분이기 때문에 세상 법칙을 초월하실 수 있다.

세속 역사가 아무렇게나 흘러가는 것 같지만 결코 그렇지 않다. 이 세속 역사는 하나님의 신비한 능력이 나타날 수 있는 교회를 중심으로 움직인다. 역사의 중심은 교회이다. 역사는 교회를 위해 존재하는 것이다. 보이지 않는 무형교회인 우리 자신을 위해서 존재하는 것이다. 그래서 주님은 '한 생명이 천하보다도 귀하다'고 말씀하셨다. 예수 믿고 구원받은 이 생명을 통해 하나님께서는 신비한 능력을 나타내신다. 이 하나님의 신비한 능력을 체험할 때 우리는 한결같을 수 있다.

하나님만으로 모든 것이 설명되는 요셉은 또한 진정으로 겸손한 삶을 살았다. 하나님만이 영광받으시는 것을 인생의 첫째 목표로 생각했다. 세상 사람들은 영광받을 일이 생기면, 그 영광을 자신이 취한다. 하지만 하나님만으로 인생을 해석하는 사람은 결코 그 영광을 자신이 취하지 않는다.

요셉은 자신이 충분히 명예와 영광을 받을 만한 상황 가운데 있었으면서도 하나님만을 생각하는 겸손함을 보였다. 어떻게 그럴 수 있었을까. 그것은 요셉의 인격 자체가 정금처럼 연단받았기 때문이다. 요셉이 역경 속에서도 하나님의 이름을 높이는 사람으로 성숙해진 것은 결코 저절로 된 일이 아니었다. 역경의 순간마다 하나님께 자신을 맡기기로 의지적으로 결단함으로 그런 인격이 빚어진 것이었다.

갈보리 채플의 척 스미스 목사님은 "이 세상에서 가장 구역질 나는 것 중 하나는 사람들이 하나님께서 하신 일을 가지고 자기가 명예를 얻고, 하나님께서 하신 일을 가지고 자기가 영광받고, 하나님께서 하신 일을 가지고 자기가 절받는 것이다"라고 말한 적이 있다.

헨리 나우웬은 《내면의 소리》라는 책에서 이렇게 말하고 있다. "가장 위대한 도전은 매 순간 결단해야 할 겸손한 삶이다. 당신이 먹고 말하고 일하고 글 쓰는 것이 하나님의 영광을 위하는 것이 아니라면, 당장 그만두어야 한다. 왜냐하면 당신은 하나님의 영광이 아닌 당신 자신의 영광을 위해서 살고 있기 때문이다."

그것이 고통이든지 슬픔이든지 매 순간 하나님의 영광만을 위해서 살겠다고 결단하라. 그러면 요셉처럼 겸손한 삶으로 세상을 이기는 영성을 확보할 수 있다.

사람을 두려워하지 않는 영성을 가지라

요셉은 바로의 꿈을 해석할 때, 하나님이 꿈을 주신 분이며, 하나님만이 그 꿈을 해석할 수 있고, 하나님만이 그 꿈을 속히 이루실 것이라고 일관되게 말했다. 애굽 사람들의 신이나 다름없는, 그 이외의 더 큰 신은 존재하지 않는다고 믿는 바로 앞에서 이렇게 단호하게 말한다는 것은 목숨을 거는 일이나 마찬가지였으니, 요셉 입장에서는 굉장한 모험이었다. 게다가 요셉은 2년 전 떡 맡은 관원의 목이 바로에 의해서 어떻게 날아갔으며 바로의 권세가 얼마나 대단했는지 충분히 알고 있었다. 그럼에도 용기 있게 하나님을 언급함으로써, 왕의 면전에서 그보다 더 대단한 하나님이 있음을 당당히 선언한 셈이 되었다. 왕 앞에서도 하나님을 먼저 두려워했을 때 요셉은 세상에서 진정 용기 있는 자로 당당하게 설 수 있었다.

어떤 상황에서도 하나님을 첫째로 생각하는 사람은 진정으로 용기 있는 삶을 살아갈 수 있다. 하나님을 두려워하지 않으면 세상 사람을 두려워하게 된다. 하나님이 두려워 그 앞에서 도와 달라며 기도로 간구하는 사람은, 세상 사람들에게 아쉽게 손 비비지 않는 법이다.

"주의 나라 영원하며 그의 영광 무궁하리 왕의 위엄과 능력이 이제 임하였으니 주의 주권과 주의 통치와 주의 나라, 힘과 권세 임하네." 이러한 찬양 가운데 하나님의 사랑과 공의와 능력을 선포하면 참으로 용기 있는 인생으로 변할 수 있다.

그런데도 오늘 무엇을, 어떤 상황을 두려워하고 있는가. 북한이 핵폭탄을 터뜨릴까 봐 두려운가, 막지 못한 회사 어음 때문에 두려운가, 바람난 아내 때문에 두려운가. 혹시 당신은 자식이 대학에 떨어질까 봐 점집을 찾아 전전긍긍하는 사람은 아닌가. 하나님 앞에 다시 한 번 가까이 나와 앉자. 사람을 두려워하면 하나님을 능멸하는 것이다.

EBS에서 왕초보를 위한 영어 프로그램 '잉글리쉬 카페'를 수년째 진행해 오고 있는 문단열 씨의 기사를 읽은 적이 있다.

아버님이 목사님이셔서 할 수 없이 신학을 전공하기는 했지만, 영어에 취미가 있었던 그는 하루에 10시간 이상씩 영어 공부에 매달렸다고 한다. 그 덕분인지 우리나라에서 치러진 제1회 토익 시험에서 전국 2등을 하는 성적을 내기도 했다. 대학 졸업 후에 영어 학원 강사로 점점 이름을 날리던 그는 마침내 자신의 영어 학원을 차렸다. 그런데 IMF를 맞아 빚더미에 올라앉았고 그때 비로소 예수님을 인격적으로 만났다. 그 무렵 그는 명문대생을 위한 취업 준비 고급 영어가 아닌 일반인을 위한 쉽고 재미있는 왕초보 인터넷 영어 프로그램을 진행했는데 대히트를 쳤다.

그러고 나니 EBS에서 연락이 왔다. EBS 강사가 된다는 것은 실력을 분명하게 인정받은 것이나 다름없는 일이었다. 몇 번의 오디션을 보았지만, 녹화 날짜를 하루 앞두고도 계약이 파기된 적이 있었다고 한다. 3비非 때문이었다. 비非유학, 비非석사, 비非전공. 이 3비의 장막 때문이라는 것을 잘 알고 있었지만 그는 도전을 멈추지 않았다. 마침내 해외 유학파가 주름잡는 영어 시장에서, 문단열 씨는 3비 출신으로서는 처음으로 EBS에 입성하기에 이르렀다. 그가 진행하는 영어 프로그램은 순식간에 입소문을 타고 EBS의 간판 프로그램이 되었다. 그 후로도 영어 시장처럼 치열한 경쟁 사회에서 오랫동안 진행자의 위치를 지키고 있다. 그는 이렇게 고백했다.

"제가 만약 시청률이 우상인 방송국에서 방송국 PD들을 두려워했다면, 진행자의 위치를 이렇게 오랫동안 지키기는 힘들었을 것입니다. 그런데 저는 하나님을 두려워했습니다."

성장하는 영성을 가지라

세상을 이기는 삶을 살았던 요셉의 영성은 성장하는 영성이었다. 계속 자라나는 영성이었다. 잊지 말아야 할 것은 내가 예수님을 믿었다고 해서, 구원의 확신을 가졌다고 해서 영성이 저절로 자라지 않는다는 것이다. 성숙하지 못한 영성은 세상을 이기지 못한다. 성장하는 영성만이 열매를 맺을 수 있다.

꿈을 해석한 요셉은 곧바로 국무총리로 임명되었다. 바로는 어릴 때부터 황제 교육을 받아서 사람 보는 눈이 정확했을 것이다. 그는 요셉이 멋지게 대책을 내놓고 나서도, 젊은 사람이 조금도 으쓱대지 않는 인격을 가졌다는 점을 눈여겨보았을 것이다. 성장하는 영성의 열매인 겸손함과 사람 됨됨이를 알아보지 않았다면 바로는 그 자리에서 요셉을 총리에 앉히지는 않았을 것이다.

바울은 우리의 영혼이 거듭난 초기에는 어린아이와 같다가, 장성한 사람이 되면 말하는 것이나 깨닫는 것이 어른과 같이 된다고 말했다. 바울은 예수님을 믿지만 영적으로 미성숙하고 초라한 모습에 대해서 이렇게 도전하고 있다. "너희는 아직도 육신에 속한 자로다 너희 가운데 시기와 분쟁이 있으니 어찌 육신에 속하여 사람을 따라 행함이 아니리요"고전 3:3. 그는 영적 성숙으로 나가야 한다고 도전하는 것이다.

베드로도 같은 권면을 했다. "오직 우리 주 곧 구주 예수 그리스도의 은혜와 그를 아는 지식에서 자라 가라 영광이 이제와 영원한 날까지 그에게 있을지어다"벧후 3:18.

바울은 "제발 자라다오" 하고 부탁하지 않았다. 강한 명령어로 "자라 가라!"라고 말했다. 자라지 않는 것은 고통스러운 일이다. 나이가 스무 살이 되었는데도 여덟 살 정도의 체구를 가지고 있다면, 그 모습을 보는 부모의 심정이 어떻겠는가. 부모는 자녀를 정상적으로 성장시키기 위해 해결책을 찾아 사방팔방 뛰어다닐 것이다.

영적으로 자라지 않는 것은 병들었다는 증거이다. 생명의 능력이 나타나지 않는다는 증거이다. 그런데 이 영적인 성숙은 결코 저절로 이루어지는 것이 아니다. 결단해야 한다. 순종하기로 선언해야 한다.

한 번은 어떤 청년에게서 이메일을 받았다.

"목사님, 제가 교회에 와서 은혜받고 변화되기를 원합니다. 그런데 문제가 있습니다. 담배 좀 끊게 도와주십시오."

이 메일을 읽으면서 나는 속으로 '내가 어떻게 끊게 해 주나. 스스로 끊어야지' 하고 생각했지만, 그 마음이 예뻐서 전화를 걸었다.

"담배 끊는 비결 가르쳐 줄까?"

"네!"

"자네, 금식해 봤나?"

"하루 정도는 해 봤지요."

"그래, 일주일만 금식하면 담배는 꼴도 보기 싫을 것이네. 일주일 동안 생수만 마시고 금식하게. 마지막 날 온수에 몸을 담그면 몸에서 니코틴이 빠져나와 그 물이 노랗게 될 것이네. 그다음부터 담배는 꼴도 보기 싫어지지. 할 수 있겠나?"

이것은 내가 칠전팔기로 금연에 성공한 사람한테 들은 실전 요법이다. 그 끊기 어렵다는 담배도 일주일만 금식하면 반드시 끊을 수 있다. 저절로 되는 것은 없다. 스스로 결단해야 한다.

진정한 영성의 뿌리는 성령께 있다

포스트모던postmodern사회에서는 영성, 감성, 체험을 중요하게 여기기 때문에 많은 사람들이 영적인 것에 큰 관심을 갖는다. 그러나 안타깝게도 사람들의 영적인 관심이 점성, 미신, 뉴에이지처럼 거짓의 영과 사후 세계, 천사들, 악령숭배에 있기 때문에 그들이 추구하는 영의 세계에는 진리가 없다.

참 영성의 뿌리는 성령께 있다. 세상에 영향을 끼치는 참 영성은 성령을 만나고 경험하는 것이다. 리처드 러브레이스는 《영적 생활의 활력》에서 "참된 영성이란 죄의 결박으로부터 벗어나 성령에 의해 새로워지는 순수한 인간성이다"라고 말했다.

요셉의 일생이야말로 성령에 의해 새로워지고 경험되어 순수한 인간성으로 변화된 삶이었다. 바로는 요셉이 하나님의 신, 즉 성령과 함께함을 바로 옆에서 보았다.

진리의 영인 성령께 뿌리를 둔 참된 영성은 인격을 통해 그 열매를 맺는다. 바로는 요셉의 성품 속에서 9가지 성령의 열매를 볼 수 있었다. 비록 요셉이 파란만장한 생애를 살아왔지만 그 인생의 형통과 곤고함 가운데서 성령으로 다듬어진 인격의 성숙, 훌륭한 품위, 감히 함부로 범접하기 힘든 격조를 느낄 수 있었다. 이것은 요셉 스스로가 나타내려고 애쓴 것이 아니라, 바로가 느낄 정도로 요셉의 행동, 말, 인격의 곳곳에서 자연스럽게 뿜어져 나왔다.

성령을 경험하고 의지하는 사람은 그의 삶 곳곳에서 성령의 열매가 나타날 수밖에 없다. 이렇게 성령과의 교제가 있는 사람은 자연히 성령이 주신 은사가 활용되기 마련이다. 성령이 함께하시는 사람은 인격 속에서 성령의 열매가 나타날 뿐 아니라, 이 땅을 살아가면서 다른 영혼을 심기기 위해 자신이 받은 은사를 활용하여 세상에 영향을 끼치고 승리하는 삶을 산다. 이런 사람은 세상이 감당치 못한다. 하나님이 세상에 우리를 두신 이유는 성령이 함께하는 인격이 되어 성령의 열매를 맺고 그 품위와 인격으로 세상 앞에 도전하며, 영성을 표현하고, 은사를 발휘하여 세상에서 하나님을 높이고 드러내기 위함이다.

인생의 정상에서나 골짜기에서나 한결같이 성실하라. 겸손하라. 용기를 가지고 결단하라. 세상에 큰 영향을 끼치는 은혜를 구하라. 오직 하나님으로만 인생을 해석하라. 인생의 추운 계절을 다 떨쳐 버리고 내 영혼의 봄 동산을 경험하라. 요셉처럼 성령 충만하고 은사를 발휘하여, 이 시대를 향해 하나님의 능력을 선포하는 역사의 주인공이 되라.

순종선언 여섯

나는 모든 상황에서
사람을 두려워하지 않겠습니다

하나님의 가치관을 확립하라

김용기 장로님의 가나안 농군학교는 필리핀, 방글라데시, 인도, 요르단 할 것 없이 세계 곳곳에 세워져 있다. 한 사람의 영향력이 기독교가 없는 힌두교 나라에도, 이슬람 나라에도 퍼져 가고 있다. 이렇듯 하나님의 가치관을 확립한 단 한 사람이 그리스도인이 펼치는 영향력은 불가능해 보이는 상황도 극복할 수 있을 만큼 크다.

시작도 끝도 하나님임을 고백하라

영적으로 성숙한 요셉은 모든 일의 시작과 끝에서 하나님을 보았다. 요셉은 오로지 하나님만으로 설명되는 삶을 인정했다. 그렇지 않았다면 그 억울한 감옥살이를 감당할 수가 있었겠는가? 억울해서 한시라도 살 수 있었겠는가?

한결같고 겸손한 영성을 가지라

예수 믿어 구원받았고 일생이 예수님 손에 있다는 것을 확신한다면, 나를 창조하시고 그리스도의 핏값만큼이나 귀하게 여기신 하나님이 반드시 인도하시리라는 것도 함께 확신하라. 이 마음 자세를 흐트러뜨리지 말라. 그래야 한결같음을 유지할 수 있다. 그렇지 않으면 심한 감정 기복을 경험할 수밖에 없다.

사람을 두려워하지 않는 영성을 가지라

영어 시장처럼 치열한 경쟁 사회에서 오랫동안 진행자의 위치를 지키고 있는 그는 이렇게 고백했다. "제가 만약 시청률이 우상인 방송국에서 방송국 PD들을 두려워했다면, 진행자의 위치를 이렇게 오랫동안 지키기는 힘들었을 것입니다. 그런데 저는 하나님을 두려워했습니다."

성장하는 영성을 가지라

영적으로 자라지 않는 것은 병들었다는 증거이다. 생명의 능력이 나타나지 않는다는 증거이다. 그런데 이 영적인 성숙은 결코 저절로 이루어지는 것이 아니다. 결단해야 한다. 순종하기로 선언해야 한다.

진정한 영성의 뿌리는 성령께 있다

진리의 영인 성령께 뿌리를 둔 참된 영성은 인격을 통해 그 열매를 맺는다. 요셉 인생의 형통과 곤고함 가운데서 성령으로 다듬어진 인격의 성숙, 훌륭한 품위, 감히 함부로 범접하기 힘든 격조가 드러났다. 이것은 요셉이 스스로 나타내려 애쓴 것이 아니라 행동, 말, 인격의 곳곳에서 자연스럽게 뿜어져 나왔다.

순종선언 기도문 • 여섯 •

PRAYER

주님, 제가 그리스도인으로서 세상과 다른 하나님의 가치관을 확립하도록 도와주옵소서. 욕망, 권력, 소유라는 세상의 가치관을 떨쳐 버리고, 하나님의 가치관을 붙드는 사람이 되도록 힘 주옵소서. 세상의 방법으로 영향력을 미치는 사람이 아니라, 하나님의 가치관과 방법으로 영향력을 미치는 사람이 되게 하옵소서. 한결같은 영성과 겸손의 영성을 주옵소서. 세상을 이기는 삶을 살기 위해서 무엇보다 사람을 두려워하지 않는 용기를 갖겠습니다. 어떤 상황에서든지 사람이 아니라 하나님을 두려워하겠습니다. 하나님의 가치관대로 살기로 결단하고 순종하기로 선언할 수 있는 용기를 주옵소서.

  주님, 오로지 하나님만으로 설명되는 삶을 살기 원합니다. 제 힘으로 했다는 것을 증명하기 위해, 제 실력을 유지하기 위해 애쓰는 삶이 아니라, 오직 하나님의 이름으로 느낌표와 쉼표와 마침표를 찍는 인생이 되게 하옵소서. 예수 그리스도의 이름으로 간절히 기도드립니다.

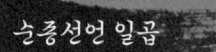

나는 다른 이의 필요를
채우는 사람이 되겠습니다

창 41:37-42:25

요셉은 복수해야겠다는 생각은커녕,
그들의 배고픔이 안쓰러웠을 것이다.
복수하고 창날을 겨누어야 마땅했지만
그럼에도 요셉은 형들의 굶주린 배를 채워 주었다.
또한 형들뿐만 아니라 그 시대의 굶주림까지도 해결해 주었다.

누리려면 책임을 다하라

우리가 말씀을 듣는 이유는 성경 지식을 얻기 위해서가 아니라 인격의 변화를 누리기 위해서다. 우리의 문제는 지식을 갖추지 못한 것이 아니라 올바른 인격을 갖추지 못한 것이다. 오늘날에는 진리가 없어서 문제가 아니라 진리를 담을 그릇이 없어서 문제이다. 하나님께서 안 주신다고 고민하지 말라. 하나님은 진리를 담을 그릇이 준비되면 언제든 채워 주신다.

진리를 담는 그릇이 되려면 책임질 줄 아는 사람이 되어야 한다. 그런데 지금 우리는 책임 부재의 시대를 살고 있다. 책임을 다하려는 사람들이 점점 적어지고 있다. 정치, 사회뿐만 아니라 교회도 그렇다. 사람들은 책임 이행하기는 별로 좋아하지 않지만, 권리 주장하기는 좋아한다. 책임과 권리는 함수 관계에 있다. 어떤 권리를 누리며 살고 있다면 책임 문제를 해결해야 한다. 또한 책임을 다하면 권리는 따라오기 마련이다. 이것은 평범하면서도 분명한 진리이다.

권리와 책임의 이러한 상호 반응 관계를 잘 보여 주는 통계가 최근에 나왔다. 스위스 국제경영개발연구소는 세계경제에 기여하는 나라들을 지난 15년 동안 조사해 왔다. 323개 항목마다 각 나라의 순위를 매겨 놓았는데, 우리나라는 1등을 한 것도 있고 꼴등을 한 것도 있다. 1등을 한 것은 인터넷 초고속 정보 통신망이었다. 반면 꼴등을 한 것은 노사 관계였다.

서로 책임을 다하고 역할을 다하는 관계가 아니라 권리만 주장하는 관계다 보니, 노동자와 고용주 사이에 갈등의 골이 깊어진 것이다. 사람의 권리는 책임의 수준과 비례한다. 진정한 권리는 책임을 이행하지 않는 사람에게는 주어지지 않는 법이다.

따라서 삶에 대한 통찰력과 올바른 시각을 가진 사람들은 내 것을 챙기는 데 관심을 기울이기보다는, 어떻게 하면 내게 주어진 책임을 더 잘 감당할 수 있는가에 집중한다.

하나님이 주시는 책임을 감당한다면, 자연스럽게 은혜와 축복이 따라오게 되어 있다. 이것은 소박하면서도 위대한 통찰력이다. 물론 은혜와 축복을 얻으려는 방편으로 책임을 감당하라는 얄팍한 수를 말하는 것은 아니다.

성경은 책임과 권리 중 어느 것을 더 많이 강조할까. 물론 책임이다. 책임과 권리는 양면성이 있다. 예를 들어 십계명 가운데 6계명인 '살인하지 말라'는 하나의 책임인 동시에 내 생명이 소중하다는 하나의 권리를 인정하는 것이다. '도적질하지 말라'는 8계명을 지키는 것도 책임과 함께 자신의 소유권에 대한 인정을 포함한다. 이처럼 책임과 권리는 동전의 양면과도 같다.

  책임을 많이 지면 권리가 따라온다. 책임을 회피하고 있는가? 책임에 대해 관심이 없는가? 그렇다면 진정한 권리는 주어지지 않을 것이다.

  나는 장남으로 태어났다. 할아버지는 장남을 상당히 존중해 주셨다. 밥도 먼저 먹게 하고, 무언가 있으면 먼저 주셨다. 하루는 밖에서 놀다가 혼자 집에 돌아왔더니, 할아버지가 나를 막 혼내시기 시작했다.

  "장남이 동생들을 버리고 어떻게 혼자 들어오는 거냐?"

  그때 얼마나 혼났는지, 대여섯 살 때 일인데도 기억이 생생하다. 장남의 권리를 누리려면 반드시 책임을 다해야 했던 것이다. 형님 대접을 받으려면 동생들을 잘 이끌고 들어와야 했던 것이다. 그 가르침이 지금껏 내 마음속에 남아 있다.

  내가 잘 아는 꽤 유명한 분 가운데 강단에만 서면 칼끝같이 지적하는 선지자의 은사를 받은 분이 있다. 그런데 어느 날 이분의 비판적인 설교가 부드럽고 품어 주는 설교로 바뀌었다. 깜짝 놀라 어떻게 된 일이냐고 여쭤 보았다.

  "나이 60이 다 되어가는데 계속 비판만 하면 어떻게 해. 이제는 책임을 져야지."

그 대답을 듣고 웃었던 기억이 난다. 그런데 나이 60이 되어서가 아니라 20, 30대부터 그런 책임을 지면 어떨까?

세계 최대 제국 애굽에 혜성같이 나타난 젊은 요셉은 극적으로 총리 자리에 등극했다. 죄수의 몸에서 바로 총리가 되었다. 과장도, 국장도, 장관도 거치지 않았다. 그는 곧바로 최고의 자리로 점프했다. 그리고 왕도 깜짝 놀랄 대안을 내놓았다. 시대를 책임지는 사람이 되었다. 어떻게 이런 일이 가능했을까.

물론 하나님의 은혜였다. 하지만 아무런 준비가 되어 있지 않았다면 그는 결코 총리가 되지 못했을 것이다.

그렇다면 요셉이 잘 준비되었다는 것을 어떻게 알 수 있는가. 요셉이 총리로 등극할 때가 30세 정도였다. 종으로 팔려갔을 때가 17세였으니 30세 총리가 될 때까지 13년 동안, 10년의 종살이와 3년여 감옥살이를 통해 하나님은 요셉을 특별하게 준비시키셨다.

인내를 배우며 인격을 갖추라

하나님은 요셉의 인격을 준비시키셨다. 그에게 인내의 과정을 이수하게 하시고 인격을 다듬으셨다. 그의 인격이 다듬어졌다는 것은 10년 종살이와 3년 옥살이를 잘 감당해 낸 그 사실 자체가 잘 증명하고 있다. 생애 절반을 죽을 고생했으니, 웬만한 사람 같으면 그 고통의 무게에 짓눌려서 나가떨어졌을 것이다. 요셉의 입장에서도 얼마나 고통스러웠겠는가. 아마도 "여호와여 어느 때까지니이까 나를 영원히 잊으시나이까 주의 얼굴을 나에게서 어느 때까지 숨기시겠나이까"시 13:1라는 시편 기자의 안타까운 신음이 요셉에게서도 흘러나올 수 있는 상황이었다.

인생길에는 교통신호가 있다. 파란 불이 있고 노란 불이 있고 빨간 불이 있다. 인생에 파란 불이 켜지는 순간은 한정되어 있다. 우리 생애의 대부분은 빨간 불과 노란 불이 켜져 있는 시간이다. 하나님은 그 기간 동안 인내를 가르치신다. 그러다 어느 순간 "나의 영혼이 잠잠히 하나님만 바람이여 나의 구원이 그에게서 나오는도다 오직 그만이 나의 반석이시요 나의 구원이시요 나의 요새이시니 내가 크게 흔들리지 아니하리로다"시 62:1-2라는 고백을 하게 된다. 오직 주님만을 찾게 된다. "주님의 뜻을 이루소서 고요한 중에 기다리니 진흙과 같은 날 빛으사 주님의 형상 만드소서"라고 찬양하면서 주님을 닮아간다.

인내의 과정을 통해, 요셉은 하나님이 그 인내의 순간들을 낭비하지 않으시고 가장 좋은 것으로 준비하고 계셨음을 깨달았다. 신음소리를 내며 감옥에 있었던 그때, 하나님은 요셉을 위해 가장 좋은 것을 준비하시고 타이밍을 맞추고 계셨던 것이다. 하나님은 그 자녀에게 가장 훌륭한 것을 가장 좋은 시간에 주신다. 하나님은 기가 막힌 최적의 타이밍right timing이 언제인지 잘 알고 계신다. 하나님은 무엇이든 너무 일찍 주지도 않으시고 또 너무 늦게 주지도 않으신다.

문제는 하나님이 보시기에 최적인 시간과 우리가 보기에 최적인 시간이 다르다는 것이다. 그래서 가장 좋은 때에 가장 좋은 것을 허락해 주심을 알면서도, 하나님의 때를 기다리는 것은 쉬운 일이 아니다. 게다가 요즘은 스피드 시대이다. 그래서 많은 사람들이 하나님의 때를 기다리지 못한다. 인내를 배우게 해 달라고 기도하면서도 "하나님, 우리에게 인내를 허락하여 주시옵소서. 속히 주시옵소서" 하고 기도하는 것이 우리의 어쩔 수 없는 모습이다. 요셉에게 인내의 과정을 겪게 하시고 드디어 때가 되었다고 생각하는 그 순간, 하나님은 강권적으로 역사에 개입하기 시작하셨다.

하나님은 당대 최고의 황제, 바로의 마음을 한없이 괴롭게 만드셨다. "아침에 그의 마음이 번민하여 사람을 보내어 애굽의 점술가와 현인들을 모두 불러 그들에게 그의 꿈을 말하였으나 그것을 바로에게 해석하는 자가 없었더라"창 41:8. 인생의 생사여탈권을 가지고, 하고 싶은 대로 다 하고 사는 이 황제의 마음이 번민에 사로잡혔다. 감옥 안에 있는 요셉은 하나님이 함께하셨기에 즐거워할 수 있었지만, 황제는 괴롭기 짝이 없었다. "다만 이뿐 아니라 우리가 환난 중에도 즐거워하나니 이는 환난은 인내를, 인내는 연단을, 연단은 소망을 이루는 줄 앎이로다"롬 5:3-4. 이렇게 하나님이 보여 주시는 역설의 원리는 다니엘을 사자굴 속에 집어던져 넣고 밤잠을 이루지 못한 다리오 황제와, 사자굴 속에서 평안했던 다니엘의 이야기에서도 잘 드러난다.

요셉의 인격이 성공적으로 준비되었다는 증거는 그가 아들의 이름을 어떻게 지었는가를 보면 더욱 잘 알 수 있다.

"요셉이 그의 장남의 이름을 므낫세라 하였으니 하나님이 내게 내 모든 고난과 내 아버지의 온 집 일을 잊어버리게 하셨다 함이요"창 41:51. 므낫세라는 말의 히브리 원어는 '내게 쏘아진 모든 독화살을 하나님이 빼내어 주셨다'이다. 자신의 인생을 향해 던져진 수많은 독화살이 빠졌다는 이 고백은 하나님의 인격 학교에서 그 과정을 아름답게 마쳤다는 증거였다.

만약 요셉이 자신의 고난을 잊지 않았다면, 총리대신이 되었을 때 많은 사람들을 손봐주었어야 했다. 몇 년 동안 억울하게 감옥살이를 하게 한 돼먹지 않은 여자 보디발의 아내, 은혜를 쉽게 잊은 술 맡은 관원장 그리고 자기를 죽이려 하고 노예로 팔았던 형들. 손보려고 마음먹었다면 아마도 요셉은 복수에 힘쓰느라 총리대신의 역할을 제대로 감당할 수 없었을 것이다.

한편, 둘째 아들의 이름은 에브라임이라고 지었다. "차남의 이름을 에브라임이라 하였으니 하나님이 나를 내가 수고한 땅에서 번성하게 하셨다 함이었더라" 창 41:52. 하나님이 므낫세의 은혜를 주시고 에브라임의 시절을 주셨다는 것, 요셉에게는 이 순서가 중요했다. 하나님이 므낫세의 은혜를 주셨기에 성공과 정상의 계절에서도 교만해서 낭떠러지로 떨어지지 않고, 베풀어 주신 창성함을 유지할 수 있었다는 것이다.

인내로 다듬어진 인격의 문이 열리면, 하나님은 나를 므낫세 되게 하시고 나아가서 에브라임 되게 하신다. 하나님이 내 모든 삶을 책임지신다고 믿을 때 영적인 눈이 열릴 것이다. 하나님은 인내의 과정을 통해서 요셉에게 혼자 힘으로는 도저히 해결할 수 없는 삶의 문제를 스스로 해결하려고 노력하는 것도 중요하지만, 그보다 그 모든 문제를 하나님께 위탁하는 것이 최선임을 배우게 하신 것이다.

어린 자녀가 땀을 뻘뻘 흘리면서 물건을 나르고 있었다. 애를 쓰고 최선을 다했다. 아버지가 그 아이를 보며 말했다.

"너 정말 최선을 다하고 있구나. 그런데 아빠가 볼 때는 네가 땀을 흘리는 그 최선 위에 한 단계 높은 최선이 필요해. 그것이 무엇인지 아니?"

어린 자녀는 아무 말도 하지 못했다. 아빠는 이렇게 말했다.

"나에게 도움을 요청하는 거란다. 그것이야 말로 네가 모든 걸 다 하는 것보다 더 큰 최선이 되는 거야."

하나님께서도 지금 우리에게 똑같이 말씀하신다. 혹시 내 힘과 내 실력으로 문제를 해결하려고 애쓰고 있지 않는가. 그렇다면 기억하라. 하나님께 내 모든 삶의 문제를 의탁하는 것이야말로 최선이라는 것을 말이다. 자기 이마에 땀을 흘리되 하나님께만 의존해야 하는 이 마지막 단계도 있음을 기억하라.

대안을 내놓으라

요셉은 시대와 역사 앞에 구체적 대안을 내놓을 수 있을 만큼 준비되어 있었다. 요셉은 바로에게 다음과 같이 제안했다. "이제 바로께서는 명철하고 지혜 있는 사람을 택하여 애굽 땅을 다스리게 하시고" 창 41:33. 왜 지혜 있고 명철한 자가 필요한가. 높은 자리일수록, 다스리는 위치에 있는 사람일수록 유혹받기가 쉽다. 뇌물을 받으면 마음이 흔들리기 쉽고, 그러다 보면 일을 그르치기 십상이기 때문이다.

정치계, 예술계 할 것 없이 각 사회 영역에서 최고의 자질을 가진 준비된 사람이 최고로 중요한 위치에 올라가지 못한다는 것은 슬픈 일이다. 지혜와 명철이 있는 사람들이 제대로 된 위치에서 제 역할을 감당하도록 하는 것과 또 그런 지도자를 뽑는 일은 그만큼 힘든 일이다.

그런데 여기서 재미있는 것은 죄수가 바로 왕 앞에 나가서 지시를 내리고 있다는 사실이다. "바로께서는 또 이같이 행하사…"창 41:34. 솔직히 말한다면 이것은 황제 우롱죄에 해당할 수도 있는 부분이다. 죄수가 뭐가 대단하다고 황제에게 이래라 저래라 말할 수 있겠는가. 그런데 이 이야기를 들은 바로 왕은 "기분 나쁘게 네가 뭔데 이래라 저래라야. 너 나 우롱했지" 하며 요셉을 교수형에 처하지 않고 오히려 칭찬해 주었다.

"요셉에게 이르되 하나님이 이 모든 것을 네게 보이셨으니 너와 같이 명철하고 지혜 있는 자가 없도다"창 41:39.

바로 왕이 요셉을 인정할 수밖에 없었던 것은 그가 구체적이고도 기가 막힌 대안을 제시했기 때문이다. "바로께서는 또 이같이 행하사 나라 안에 감독관들을 두어 그 일곱 해 풍년에 애굽 땅의 오분의 일을 거두되 그들로 장차 올 풍년의 모든 곡물을 거두고 그 곡물을 바로의 손에 돌려 양식을 위하여 각 성읍에 쌓아 두게 하소서 이와 같이 그 곡물을 이 땅에 저장하여 애굽 땅에 임할 일곱 해 흉년에 대비하시면 땅이 이 흉년으로 말미암아 망하지 아니하리이다"창 41:34-36. 풍년일 때 배 두들겨 가면서 마냥 좋게만 있지 말고, 그때 20퍼센트를 세금으로 받으라는 의견이었다. 그렇게 세금으로 받은 곡식들을 잘 저

장해서 흉년의 때를 대비하고, 흉년의 때가 되었을 때 그것을 풀자는 것이다.

사실 요셉의 이 제안은 쉽게 이해할 수 있으며, 누구든지 적용할 수 있는 구체적인 아이디어였다. 아무리 좋은 정책도 실현 불가능한 것이라면 전혀 쓸모가 없다. 그런데 요셉은 현실에 무리 없이 반영할 수 있는 기가 막힌 아이디어를 내놓은 것이다.

풍족할 때 세금을 받고 기근과 어려움이 있을 때 세금을 푸는 것, 부자들에게는 세금을 받고 가난한 사람들, 아프고 소외된 노인과 장애인을 위해서는 세금을 푸는 것, 이것이 바로 요셉이 내놓은 국가 정책이었다.

만약 우리나라가 국정을, 아니 나 스스로가 나의 삶을 요셉이 한 것과 같은 방식으로 운영해 나간다면 지금보다는 한 단계 높은 차원의 삶을 살아갈 수 있을 것이다. 성경은 물론 구원에 관한 책이다. 그렇지만 하나님은 필요하면 성경을 통해 이처럼 삶의 지혜도 주신다.

후에 요셉의 예측은 그대로 적중했다. "온 지면에 기근이 있으매 요셉이 모든 창고를 열고 애굽 백성에게 팔새 애굽 땅에 기근이 심하며 각국 백성도 양식을 사려고 애굽으로 들어와 요셉에게 이르렀으니 기근이 온 세상에 심함이었더라" 창 41:56-57. 사람들이 이 기근에 어떻게 대처할까 고민하다가 애굽 황제에게 무릎을 꿇고 도와 달라고 요청했다. 그 순간 애굽의 황제는 요셉이 이르는 대로 하라고 명령했다. "애굽 온 땅이 굶주리매 백성이 바로에게 부르짖어 양식을 구하는지라 바로가 애굽 모든 백성에게 이르되 요셉에게 가서 그가 너희에게 이르는 대로 하라 하니라"창 41:55.

이 이야기는 예수님이 행하신 기적을 떠올리게 한다. 요한복음 2장에서 갈릴리 혼인 잔치에 포도주가 떨어지자, 마리아는 이 문제를 예수님께 들고 갔다. 그리고 하인들에게 이렇게 말했다. "그의 어머니가 하인들에게 이르되 너희에게 무슨 말씀을 하시든지 그대로 하라 하니라"요 2:5. 요셉은 이처럼 문제의 해결자이신 예수님의 표상이 되었다.

장자 애굽에서 일어날 기근을 잘 대비한 요셉은 이런 이름도 갖게 되었다.

"그가 요셉의 이름을 사브낫바네아라 하고 또 온의 제사장 보디베라의 딸 아스낫을 그에게 주어 아내로 삼게 하니라 요셉이 나가 애굽 온 땅을 순찰하니라"창 41:45. 요셉의 애굽 이름은 사브낫바네아이다. 이것은 '하나님은 살아 계시고 말씀하신다' 또는 '비밀을 드러내는 사람'이라는 뜻이다. 요셉은 잘 준비되어서, 살아 계신 하나님의 말씀을 듣고 그 비밀을 드러내는 주인공이 될 수 있었다.

육신의 굶주림을 책임지라

이때 가나안 땅에도 곡식이 부족했다. 야곱의 가족은 무려 70명이 되었다. 곡식은 없고 입은 70개나 되고 이 문제를 해결해야 하는데, 야곱의 아들들은 관망만 하고 있었다. "그때에 야곱이 애굽에 곡식이 있음을 보고 아들들에게 이르되 너희는 어찌하여 서로 바라보고만 있느냐"창 42:1. 아들들이 이 문제를 책임지고 해결해 볼 생각은 하지 않고 관망만 하고 있었다는 것이다.

어려움이 닥치면 사람은 두 가지 모습을 보여 준다. 하나는 관망만 하는 자세이고, 또 하나는 어려워도 책임을 다하는 자세이다. 야곱은 지금 상당히 믿음이 성숙해져 있었다. 그래서 하나님이 알아서 예비해 주실 것이라는 믿음도 있었지만, 하늘에서 음식물이 떨어지기를 기다리는 것이 아니라 나가서 찾고 구하고 두드리고자 했다. 즉, 야곱의 믿음에는 책임과 행동이 뒤따랐다.

"애굽 온 땅이 굶주리매"창 41:55.

"각국 백성도 양식을 사려고 애굽으로 들어와 요셉에게 이르렀으니 기근이 온 세상에 심함이었더라"창 41:57.

"이스라엘의 아들들이 양식 사러 간 자 중에 있으니 가나안 땅에 기근이 있음이라"창 42:5.

애굽 땅, 가나안 땅 그리고 전 세계에 큰 기근이 임했다. 이 기근의 때에 사람들이 요셉에게 이르렀다고 했다. 요셉은 이 기근의 때를 책임질 수 있는 해결책을 가지고 있었다.

"때에 요셉이 나라의 총리로서 그 땅 모든 백성에게 곡식을 팔더니 요셉의 형들이 와서 그 앞에서 땅에 엎드려 절하매"창 42:6. 요셉의 형들은 가나안 땅에서 온 히브리의 중년들이었다. 머리카락이 잿빛으로 변해 버린 형, 머리카락이 숭숭 빠져 버린 형도 있었을 것이다. 유목 생활을 해서 모래 바람에 피부가 거칠었고, 긴 여행에 지쳐서 수염은 덥수룩하게 자랐을 것이다. 가나안 촌사람들이 갑자기 세계 최대의 궁전에 들어왔으니 어수룩한 행동을 했을 것이다. 피곤에 지친 형들의 모습을 본 요셉은 어떤 마음이 들었을까. 복수해야겠다는 생각은커녕, 그들의 배고픔이 안쓰러웠을 것이다. 복수하고 창날을 겨누어도 마땅했지만 그럼에도 요셉은 형들의 굶주린 배를 채워 주었다. 또한 형들뿐만 아니라 그 시대의 굶주림까지도 해결해 주었다.

그런데 요셉은 식량을 공짜로 나눠 주지는 않았다. 그는 식량을 팔았다. 아마도 많은 돈을 받고 팔지는 않았을 것이다. 이것이 우리에게 시사하는 바가 있다. 어려운 사람들에 대한 관심을 버리지 않으면서도, 나라가 계속 견고하게 유지될 수 있도록 최소한의 방어책도 마련한 것이다. 요셉은 동정심과 통제심, 이 두 가지 균형 감각을 잃지 않았다.

준비된 자는 위기 때에 더욱 빛을 발한다. 진정으로 준비된 자는 위기의 시대에 자신만 사는 것이 아니라 남까지 살린다. 요셉은 백성들의 고통을 마음 깊이 헤아리고 있었다. 자신 역시 아무 도움도 받을 수 없는 상태에 빠지기도 했고, 벌거벗겨져 내던져지기도 했다. 가장 가까운 사람으로부터 배신당했고, 노예로 팔렸으며, 억울하게 감옥에 갇혔다. 그는 인생의 밑바닥이 무엇인지 아는 사람이었다. 요셉은 그런 경험들을 통해 가난하고, 무시당하고, 고립무원의 어려움을 당하는 사람들에게 자비와 동정이 필요함을 알았다. 좌절하고, 파산하고, 수치당하고, 굶주리고, 고통받는 백성들의 마음과 생각이 어떠한지 헤아릴 수 있었다. 그러나 한편으로 유혹당하고 감옥에 갇혀 지낸 잊혀진 시간을 통해 절제와 인내의 교훈도 배웠다. 만일 요셉이 동정심만을 배웠다면 7년 기근을 견딜 수 없었을 것이다. 요셉은 동정심과 함께 자기 통제의 교훈도 함께 배웠기 때문에 거대 제국을 먹여 살릴 수가 있었다. 철저하게 준비된 요셉이 아니었다면 7년의 극심한 기근 동안 대제국도 함께 굶주렸을 것이다.

요셉 한 사람을 통해 당대 모든 나라의 사람들이 살아났다. 하나님이 가장 적기에 그를 들어 크게 쓰신 것이었다.

한국 사회는 급격하게 노령화 사회로 변화되고 있다. 그런데 지금 심각한 문제 중 하나가 부모에 대한 책임감이 사라지기 시작했다는 것이다. 젊은 자녀들이 부모를 책임지지 않는다. 그래서 노년의 어른들이 큰 상실감에 빠져 있다. 자녀들이 부모에게 필요한 것을 채워 드리고 육신적으로 어려운 것, 경제적으로 힘든 것을 도와 드려야 하는데, 그렇게 하지 않는다. 예수님 시대에도 이런 일들이 있었다.

"너희는 이르되 사람이 아버지에게나 어머니에게나 말하기를 내가 드려 유익하게 할 것이 고르반 곧 하나님께 드림이 되었다고 하기만 하면 그만이라 하고"막 7:11. 당시 고르반이라는 말은 헌물, 다시 말하면 하나님께 바치고 드린 바 된 것을 뜻했다. 그러니까 당시 사람들은 부모에게 드려 유익하게 할 것을 "우리는 하나님께 다 드렸어요. 너는 드릴 것이 없어요" 하면서 자기가 해야 할 일들을 하지 않았다. 그에 대해 주님은 "고르반이라고 하지 말고 부모의 경제적인 어려움에 대해서 네가 할 수 있는 책임을 다하라"라고 꾸중하셨다.

내 주위에 있는 사람들의 굶주림에 대해 나는 어떤 식으로 책임질 수 있는가? 우리가 가진 것으로 주면 된다. 우리에게 남보다 더 많이 가진 것이 있다면 그것은 다른 사람을 향해 책임을 다하라고 주신 것으로 이해해야 한다. 하나님은 우리가 가지고 있는 것으로 책임을 다할 수 있도록 길을 열어 주신다.

요셉처럼 나는 총리가 아니니까, 모든 것을 다 가지지 못했으니까 감당할 수 없다고 생각하지 말라. 요셉은 노예 시절에도, 감옥에 갇혔을 때도 자기 책임을 성실히 감당했다.

영적인 굶주림을 책임지라

요셉은 형들을 알아보았으나 모르는 체했다.

"요셉이 보고 형들인 줄을 아나 모르는 체하고 엄한 소리로 그들에게 말하여 이르되 너희가 어디서 왔느냐 그들이 이르되 곡물을 사려고 가나안에서 왔나이다"창 42:7.

요셉은 형들의 모습을 보고 자신의 꿈을 생각했을 것이다. 열한 개의 곡식단이 자신에게 절하는 꿈을 말이다. "요셉이 그들에게 대하여 꾼 꿈을 생각하고 그들에게 이르되 너희는 정탐꾼들이라 이 나라의 틈을 엿보려고 왔느니라"창 42:9. 요셉은 형들을 스파이로 몰았고 형들은 아니라고 부인했다. "그들이 그에게 이르되 내 주여 아니니이다 당신의 종들은 곡물을 사러 왔나이다 우리는 다 한 사람의 아들들로서 확실한 자들이니 당신의 종들은 정탐꾼이 아니니이다"창 42:10-11. 형들이 아니라고 부인하는데도 요셉은 거듭해서 두 번이나 더 스파이라고 질책했다.

요셉은 왜 이렇게 세 번이나 지적했을까. 과거 요셉은 3가지 이유로 형들에게 미움을 받았다. 하나는 꿈 때문에, 또 하나는 채색옷 때문에 그리고 형들의 잘못을 고자질한 것 때문이었다. 성경학자들은 이 3가지 이유로 요셉이 세 번 형들을 질책했다고 추측한다.

요셉은 형들을 감옥에 3일 동안이나 가두고 그들을 살펴보았다. 동생을 노예로 팔아 버린 형들이 이와 같은 억울한 일을 당했을 때 과연 어떻게 반응하는지 보고 싶었을 것이다.

드디어 형들은 이렇게 말했다. "그들이 서로 말하되 우리가 아우의 일로 말미암아 범죄하였도다 그가 우리에게 애걸할 때에 그 마음의 괴로움을 보고도 듣지 아니하였으므로 이 괴로움이 우리에게 임하도다"창 42:21. 20여 년 동안 눌러 놓았던 죄책감이 고개를 드는 순간이었다. 요셉을 팔아 버린 형들도 지난 20여 년 동안 마음 밑바닥에 늘 괴로움을 안고 살았던 것이다. 창세기 전체를 통틀어 이처럼 명확하게 내가 죄를 지었다고 회개하는 장면은 여기가 유일하다. 그들이 참으로 회개했다는 사실을 다음 28절에서 확인할 수 있다.

요셉이 이런 말들을 다 듣고 곡식을 내어 주며 그 안에 돈 자루를 넣어 그들을 돌려보냈다. "한 사람이 여관에서 나귀에게 먹이를 주려고 자루를 풀고 본즉 그 돈이 자루 아귀에 있는지라 그가 그 형제에게 말하되 내 돈을 도로 넣었도다 보라 자루 속에 있도다 이에 그들이 혼이 나서 떨며 서로 돌아보며 말하되 하나님이 어찌하여 이런 일을 우리에게 행하셨는가 하고"창 42:27-28. 그 정신없는 상황 속에서도 형들은 이제 "우리 인생은 끝났다"라고 말하지 않았다. 그들은 하나님을 생각했다. 요셉 형들의 시선이 처음으로 하나님을 향했다. 이것은 탕자의 회개와도 같은 것이다. "내가 일어나 아버지께 가서 이르기를 아버지 내가 하늘과 아버지께 죄를 지었사오니"눅 15:18.

요셉의 형들은 세겜의 도살자들이었다. 세겜 남자들을 다 때려죽인 학살자들이었다. 동생을 죽이려 한 살인미수자들이며, 아버지에게 동생이 죽었다는 엄청난 거짓말을 한 사기꾼들이었다. 그렇게 자기 마음대로 살던 이들이 순하디 순한 양처럼 되어 회개하고 하나님을 찾고 있는 것이다. 이것은 영혼의 굶주림이 해결되는 시작점이었다.

요셉은 형들의 죄책감에 대한 고통을 절감하고 있었다. "요셉이 그들을 떠나가서 울고 다시 돌아와서 그들과 말하다가"창 42:24. 요셉이 형들에게 복수한다고 해도 누구 하나 뭐라 할 사람이 없었다. 그들을 비웃고 손가락질하고 채찍질할 수도 있는 상황이었다. 그러나 요셉은 그들의 영혼이 아파함을 함께 아파했다. 그는 어깨를 들썩이며 흐느껴 울었을 것이다. 그는 형들이 마음에 입은 상처의 깊이를 알아보고 형들의 마음을 하나님께로 인도하기 위해, 하나님이 하셨다는 것을 깨닫도록 돈 자루를 사용했다. 그러자 형들의 입에서 "하나님이 어찌하여 이 일을 행하셨는고?" 하는 진정한 회개가 터져 나왔다.

요셉은 이 모든 상처를 해결할 분은 오직 하나님밖에 없음을 잘 알고 있었다. 20여 년 동안 내면 깊숙이 숨겨 놓았던 죄책감은 심리 치료를 받는다고 해서, 상담을 받는다고 해서 해결되지 않는다. 예수님의 피, 하나님의 은혜만이 회개를 이끌어 낸다. 나의 죄를 씻기는 것은 예수의 피밖에 없다. 다시 성케 하는 것도, 다시 새롭게 하는 것도 예수의 피밖에 없다. "만일 우리가 우리 죄를 자백하면 그는 미쁘시고 의로우사 우리 죄를 사하시며 우리를 모든 불의에서 깨끗하게 하실 것이요"요일 1:9.

우리의 마음에는 컴퓨터 하드웨어와는 비교할 수 없이 광대한 삶의 발자취들이 다 입력되어 있다. 그래서 삶의 고비마다 언뜻언뜻 죄책감과 후회가 나타나 버짓이 우리를 괴롭힌다. 이것을 해결할 수 있는 방법은 무엇인가. 누군가 그 문제를 위해서 마음을 열이 함께 울고 함께 고통을 느끼는 것이다. 그러다가 이 문제의 해결자가 주님밖에 없음을 절감할 때, 회개가 터져 나오고 영혼의 굶주림이 해결된다.

어두운 시대를 책임지라

영적인 기근을 당할 때 어떻게 해야 할 것인가? 나는 닥쳐올 영적 기근을 얼마나 준비하고 있는가? 언제 기근을 당하겠냐 싶어 마음 놓고 있을지 모르겠지만, 인생에는 반드시 종말이 찾아온다. 우리는 영적 존재이기 때문에 죽음 이후에도 계속되어야 할 것들을 위하여 반드시 준비하며 살아야 한다. 예수 그리스도를 개인의 구주와 주님으로 영접하지 않은 사람은 영적 기근을 준비하지 않은 사람이다. 영적 기근을 위하여 영적으로 준비할 기간이 얼마 남지 않았다.

사람이 80세를 산다고 치면 28,000일 정도를 살게 되는데, 잠자는 데 9,300일, 먹는 데 2,500일, 공부하고 일하는 데 10,000일, 화장실 가고 씻는 데 1,300일, 인터넷 하고 영화와 TV를 보고 문화생활 하는 데 3,000일 그리고 20세 이상의 사람들이 이미 써 버린 시간이 600일이다.

이래저래 빼고 나니, 삶의 기근을 제대로 준비할 수 있는 시간은 1,000여 일도 채 되지 않는다. 한 주일 한 주일, 하루하루가 얼마나 소중한지 모른다. 말씀 듣고 찬양하고 기도하고 주님의 음성 듣고 주의 말씀에 의지하여 내 삶을 영적으로 준비할 수 있는 이 주일이, 이 날이 얼마나 중요한가.

영적 기근을 준비하는 단 한 가지 방법은 요셉처럼 하는 것이다. 풍요할 때 20퍼센트를 저축하는 것이다. 말씀의 풍요함이 자리 잡고 있을 때 비축해야 한다. 우리는 풍성함의 시기를 잘 감독해야 한다. 풍요를 엄격하게 관리하여 필요한 것을 쌓아 두었다가 결핍의 시기에 주인으로서 통제하는 능력을 가져야 한다.

그리스도인은 사회적으로, 영적으로 책임질 줄 아는 인생을 살아야 한다. 하나님은 이미 성경을 통해 우리에게 7,000개가 넘는 약속을 주셨다. 하나님이 우리의 인생을 책임져 주신다는 그 약속 때문에, 그리스도인은 사회의 문제와 영적인 문제를 책임질 능력을 이미 가지고 있는 셈이다.

무엇보다 전 세계 유일의 분단국에 속하는 우리나라는 민족에 대한 책임 의식을 가져야 한다. 동족의 영적인 굶주림, 육신적인 굶주림에 대해 책임져야 한다. 나는 7년 전 평양을 비롯한 북한 여러 지역을 다녀온 적이 있다. 쓰러져 죽기 직전의 퀭한 눈에 초췌한 아이들의 모습이 지금도 눈에 선하다. 어린아이들은 두 살 이전에 제대로 영양 공급이 되지 않으면 뇌가 손상되기 쉽고, 뇌가 손상되면 정상적인 기능을 하는 사람으로 자라날 수 없다는데 북한에는 뇌 손상 당한 아이들이 너무도 많았다. 북한 정권을 돕자는 것이 아니다. 요셉처럼 하나님 앞에 굶주린 영혼들을 돕자는 것이다.

책임에 대해 우리는 시간을 놓쳐서는 안 된다. 우리 삶의 열쇠들을 복사해서 그들에게 나누어 주자. 다음 세대와 이웃 사회와 국가를 영적으로 책임지는 길은 무슨 엄청난 큰일을 하는 데 있지 않다. 주님은 작은 일에 충성된 자를 찾으신다. 작은 일에 책임을 다하는 사람에게 귀한 일을 맡기신다.

우리가 먼저 할 일은 기도이다. 중보기도는 순결한 기도이다. 하늘 아버지 곁에 올라가신 예수님은 하늘나라에서 우리를 위해 아버지께 중보기도 하는 영원한 직무를 맡으셨다. 천국에 가신 예수님이 그 많은 직함 중에서 중보기도자라는 대제사장의 역할을 맨 앞에 두신 이유를 깨달아야 한다.

우리가 주님께 중보기도를 충성되게 올려드릴 때, 이 시대의 굶주림과 민족의 굶주림과 영적인 굶주림에 대해 책임을 다할 수 있는 길을 주님께서 열어 주실 것이다. 권리가 내게 주어지지 않았다고 가슴앓이하지 말고 먼저 중보기도의 책임부터 차근차근 감당하며 작은 일부터 시작하자.

복수하는 대신 같이 울고 책임을 잘 감당하여 시대의 아픔과 상처를 치료한 요셉처럼, 이웃의 육신적인 아픔과 고통에 대해 책임을 감당할 수 있기를 구하라. 하나님이 무엇을 맡겨 주셔도 될 만큼 귀한 그릇으로 준비되라. 책임 있는 중보기도의 함대를 띄우라. 이 시대의 모든 어려움의 파도들을 극복할 능력을 소유하라.

죄 문제, 영적 기근 문제로 어려움이 있다면 주님 앞에 나오라. 주님은 영적 기근의 때에 우리에게 생명의 떡이 되신다. 굶주리고 목마른 순간에 주님은 생명의 물, 생수가 되신다. 주님 앞에 요셉처럼 나아와서 이 어두운 시대를 준비하는 사람이 되라.

　인생의 기근을 인내와 구체적인 대안을 가지고 준비하라. 힘든 상황에서도 하나님의 시간표가 우리에게 가장 잘 맞는다는 사실을 믿으라. 시대의 아픔과 기근에 눈뜨며, 기도의 열두 척 배를 띄우라. 기도의 십만 양병을 키우라. 사람으로는 할 수 없으되 우리 하나님은 능치 못할 일이 없으시다. 영적 기근 가운데서 곡식이 없다면 생명의 떡 되신 예수님 앞에 당당하게 나오라. 인생의 모든 영적 기근을 결박하는 능력을 받으라.

순종선언 일곱

나는 다른 사람의 필요를
채우는 사람이 되겠습니다

누리려면 책임을 다하라

오늘날에는 진리가 없어서 문제가 아니라, 진리를 담을 그릇이 없어서 문제이다. 하나님께서 안 주신다고 고민하지 말라. 하나님은 진리를 담을 그릇이 준비되면 언제든 채워 주신다. 진리를 담는 그릇이 되려면 책임질 줄 아는 사람이 되어야 한다. 그런데 지금 우리는 책임 부재의 시대를 살고 있다. 하나님이 주시는 책임을 감당한다면, 자연스럽게 은혜와 축복이 따라온다. 이것은 소박하면서도 위대한 통찰력이다.

인내를 배우며 인격을 갖추라

인내의 과정을 통해, 요셉은 하나님이 그 인내의 순간들을 낭비하지 않으시고 가장 좋은 것을 준비하고 계셨음을 깨달았다. 하나님은 그 자녀에게 가장 훌륭한 것을 가장 좋은 시간에 주신다. 하나님은 기가 막힌 최적의 타이밍(right timing)이 언제인지 잘 알고 계신다.

대안을 내놓으라

"요셉에게 이르되 하나님이 이 모든 것을 네게 보이셨으니 너와 같이 명철하고 지혜 있는 자가 없도다"(창 41:39). 바로가 요셉을 인정할 수밖에 없었던 것은 그가 구체적이고도 기가 막힌 대안을 제시했기 때문이다. 아무리 좋은 정책도 실현 불가능한 것이라면 전혀 쓸모가 없다. 요셉의 이 제안은 쉽게 이해할 수 있으며, 누구든지 적용할 수 있는 구체적인 아이디어였다.

육신의 굶주림을 책임지라

나와 내 주위에 있는 사람들의 굶주림에 대해 우리는 어떤 식으로 책임을 다할 수 있겠는가? 우리가 가진 것으로 하면 된다. 우리에게 남보다 더 많이 가진 것이 있다면 그것은 다른 사람을 향해 책임을 다하라고 주신 것이다. 하나님은 우리가 가지고 있는 것으로 책임을 다하도록 길을 열어 주신다.

영적인 굶주림을 책임지라

삶의 고비마다 언뜻언뜻 나타나 우리를 괴롭히는 죄책감과 후회를 해결할 방법은 무엇인가. 누군가 그 문제를 위해 마음을 열고 함께 울고 고통을 나누는 것이다. 그러다가 이 문제의 해결자가 주님밖에 없음을 절감할 때, 회개가 터져 나오고 영혼의 굶주림이 해결된다.

어두운 시대를 책임지라

죄 문제, 영적 기근 문제로 어려움이 있다면 주님 앞에 나오라. 주님은 영적 기근의 때에 우리에게 생명의 떡이 되신다. 굶주리고 목마른 순간에 주님은 생명의 물, 생수가 되신다. 주님 앞에 요셉처럼 나아와서 이 어두운 시대를 준비하는 사람이 되라.

순종선언 기도문 ● 일곱 ●

PRAYER

예전에는 주님이 제게만 주시지 않는다고 늘 불평했습니다. 그런데 주님은 진리를 담을 그릇이 준비되면 언제든 채워 주시는 분임을 이제야 알았습니다. 제가 진리를 담는 준비된 그릇이 되기를 원합니다. 책임질 줄 아는 사람이 되기를 원합니다. 하나님이 주시는 책임을 감당해서 자연스럽게 은혜와 축복을 누리는 사람이 되기를 원합니다. 이 소박하면서도 위대한 통찰력을 날마다의 삶에서 실천하도록 도와주옵소서.

제가 남보다 많이 가지고 있는 것으로 제 주위에 있는 사람들의 굶주림에 대해 책임을 다할 수 있게 되기를 원합니다. 주님, 제가 먼저 마음의 문을 열어 이웃과 함께 울고 고통을 나누기 원합니다. 생명의 물, 생수가 되시는 주님 앞에 요셉처럼 나아와서 이 어두운 시대를 준비하는 사람이 될 수 있도록 도와주옵소서. 주님은 이 짧은 시간도 그냥 흘려보내지 않으시고 저의 인격을 갖춰 가고 계심을 압니다. 주님의 기가 막힌 최적의 타이밍(right timing)을 기대합니다. 그때까지 제가 인내를 배우며 인격이 갖춰질 수 있도록 주님 인도하소서. 예수 그리스도의 이름으로 간절히 기도드립니다.

늘중선언 여덟

나는 모든 사람으로
화목케 하는 사람이 되겠습니다

창 44:1-34

즐거움의 주인공이 되라.
남들을 섬기며 남들을 위해 기도할 때 나의 즐거움은 더 커진다.
다른 사람의 즐거움을 누리는 사람은 매력적인 존재가 된다.
다른 사람의 아픔과 즐거움을 함께할 때
우리는 시대의 아픔을 섬기는 회복과 치유의 주인공이 될 것이다.

인간관계는 누구에게나 어렵다

15년 전 일이다. 아는 목사님 한 분이 사역을 시작하신 지 30년이 되어서 함께 예배를 드리게 되었다. 목사님이 그동안의 소감을 말씀하시는 시간이 됐다. 나는 귀를 쫑긋 세우고 들었다. 그런데 목사님의 말씀이 이랬다.

"이 세상에 믿을 사람 아무도 없습니다."

아마도 그만큼 인간관계가 쉽지 않다는 말이었을 것이다.

이철이라는 한 신문사 주필은 많은 범죄자들을 보면서 '왜 저 사람들은 저렇게 큰 사고를 쳐서 불행한 뉴스를 전하고 사회에 해악을 끼치는가?'를 궁금하게 여긴 나머지 대형 사건사고의 주인공들을 오랫동안 연구하여 한 가지 결론을 내렸다. 그것은 아버지와 아들의 불행한 함수관계, 이것이 사회를 불행하게 한다는 것이다. 그 사건사고의 주인공들 대부분이 아버지와의 관계가 원만하지 않은 사람들이었기 때문이다.

친구 목사 한 사람이 집사님들과 함께 소그룹 성경공부를 인도하다가 이런 이야기를 나누었다고 한다.

"사회적으로 저명한 대학교수가 그 아버지를 살해했는데, 너무 안타깝지 않습니까?"

그러니까 여자 집사님 한 분이 이렇게 고백했다.

"목사님, 저도 죽지 못해 삽니다."

친구 목사가 깜짝 놀라서 물었다.

"예수님을 믿는데 무슨 말입니까?"

"시집와서 제 잘못도 있겠지만, 시부모님 행동은 아무리 생각해도 이해할 수 없어요. 왜 제 인격을 그렇게 깔아뭉개며, 말은 왜 그렇게 함부로 하시는 걸까요. 그래서 제 소원이 빨리 죽는 겁니다. 제 신앙이 좋아서가 아니라, 상처에서 벗어날 돌파구가 저한테는 죽는 것밖에 없기 때문입니다."

이것이 비단 그 집사님만의 이야기라고는 생각하지 않는다. 우리는 크든 작든 인간관계의 어려움을 다들 겪고 있기 때문이다.

요셉은 시므온을 인질로 잡아 놓고, 곡식을 구하러 온 형들을 돌려보내며 스파이가 아니라면 막냇동생을 데려오라고 했다. 요셉은 형들의 곡식 자루에 돈뭉치를 다시 넣었다. 형들이 아버지의 염려에도 어쩔 수 없이 막내 베냐민과 함께 다시 곡식을 구하러 왔을 때, 요셉은 베냐민의 곡식 자루 속에 은잔을 넣었다. "요셉이 그의 집 청지기에게 명하여 이르되 양식을 각자의 자루에 운반할 수 있을 만큼 채우고 각자의 돈을 그 자루에 넣고 또 내 잔 곧 은잔을 그 청년의 자루 아귀에 넣고 그 양식 값 돈도 함께 넣으라 하매 그가 요셉의 명령대로 하고" 창 44:1-2.

요셉은 정직하고 성실하고 남을 잘 섬기는 사람인데도, 지금 형제들을 함정에 빠뜨리고 있다. 그는 왜 형제들을 이렇게 힘들게 했던 것일까.

대부분 인간관계의 갈등과 상처의 문제는, 미봉책만으로 지나갈 때가 많다. 속은 다 썩어 가는 데 일시적으로만 좋게 좋게 덮고 가는 것이다. 하지만 인간관계는 이런 식으로는 절대 해결되지 않는다. 요셉과 형들의 관계는 이미 20년 전에 깨져 버렸다. 형들이 요셉을 차가운 물구덩이에 던져 넣었을 때, 이미 그의 마음에 금이 간 것이다. 그랬는데 듣기 좋은 말 한마디로 그 아픔이 가셔지겠는가.

요셉은 복수해서 원한을 풀려고 하지 않고, 깨어진 인간관계를 회복함으로써 예전의 상처를 치유하기 원했다. 요셉은 일련의 시험 과정들을 통해서 형들의 내면이 하나님 앞에서 치유되었는지 아닌지를 보았던 것이다.

진정으로 회개하라

요셉은 형들의 회개가 진심인지 아닌지를 확인하기 원했다.

깨어진 관계가 회복되려면 반드시 회개 과정이 필요하다. 내가 얼마나 하나님 앞에서 잘못된 자인지를 스스로 발견하기 전까지는 진실된 회개가 힘들다.

베냐민의 자루에서 은잔이 발견되자 형들은 옷을 찢었다. "그들이 옷을 찢고 각기 짐을 나귀에 싣고 성으로 돌아 가니라"창 44:13. 히브리 사람들이 옷을 찢는다는 것은 죽음의 순간에, 그야말로 사람이 죽는 것 같은 경각간의 순간에 너무나 슬퍼서 하는 행동이다.

또 그들은 용서를 구하려고 요셉의 집에까지 찾아갔다. "유다와 그의 형제들이 요셉의 집에 이르니 요셉이 아직 그곳에 있는지라 그의 앞에서 땅에 엎드리니"창 44:14.

그 형들에게 요셉은 이렇게 말했다. "요셉이 그들에게 이르되 너희가 어찌하여 이런 일을 행하였느냐 나 같은 사람이 점을 잘 치는 줄을 너희는 알지 못하였느냐"창 44:15. 아마 형제들은 이 사람은 대단한 통찰력을 가진 사람이라고 생각했을 것이다. 왜냐하면 처음 곡식을 구하러 왔을 때, 요셉은 형제들을 나이 순서대로 앉혔다. 국무총리가 요셉인 줄 알 턱이 없는 형제들은 모르는 사람이 나이 순서대로 앉히는 것을 보고 속으로 깜짝 놀랐을 것이다. 어떤 수학자가 이것을 연구했는데, 열 형제들을 나이 순서대로 앉힐 확률은 3,660분의 1이라고 한다.

그때 형제들이 이렇게 대답했다. "유다가 말하되 우리가 내 주께 무슨 말을 하오리이까 무슨 설명을 하오리이까 우리가 어떻게 우리의 정직함을 나타내리이까 하나님이 종들의 죄악을 찾아내셨으니 우리와 이 잔이 발견된 자가 다 내 주의 노예가 되겠나이다"창 44:16. 자신들은 죄를 짓지 않았고, 어떤 음모에 희생당한 것이 분명한데도 형들은 "하나님이 종들의 죄악을 적발하셨다"고 말한다.

이것은 형들이 요셉의 일을 진심으로 뉘우치고 있다는 뜻이기도 했다. 죄짓지 않은 요셉도 팔아먹었으니, 지금처럼 베냐민의 죄가 분명한 경우라면 "이 아이만 데려가십시오"라고 할 수도 있었다. 또는 "잘됐네. 아버지 사랑 독차지하더니, 너 혼 좀 나라"라는 식으로 나올 수도 있었다. 예전 같으면 베냐민 혼자서 어려움을 겪으라고 내버려 두고 집에 가서 아버지에게 여차여차해서 할 수 없이 베냐민이 잡혀갔다고 사실대로 말하면 그만이었다. 그런데 그들은 그렇게 하지 않았다.

어려운 일을 당하고 모함을 당하면 책임을 회피하는 것이 일반적인 성향인데, 지금 형들은 자신의 잘못을 직시하고 있다. 왜 이런 일이 벌어졌는지 알 수 없는 상황 속에서 형들은 과거 20여 년 전 요셉에게 행했던 잘못을 하나님이 다 깨닫게 하셨다고 고백한다.

어떠한 인간관계도 문제가 생겼을 때, 그 문제를 자기 것으로 인정해야 해결된다. 그때부터 회복이 시작된다. 서로 남 탓하고 삿대질한다면 깨어진 인간관계는 결코 회복될 수 없다. 문제는 자기 잘못을 직시하기가 쉽지 않다는 데 있다. 때문에 관계에 문제가 생겼을 때는, 하나님이 내 죄를 적발해 주시기를 간구하는 지혜가 필요하다.

진정으로 변화하라

내면의 치유 과정은 자기 죄 문제를 직시하고 해결할 뿐만 아니라, 한 걸음 더 나가서 변화가 일어나는 것까지 포함한다.

형들의 태도는 예전과는 판이하게 달랐다. 20여 년 전에는 요셉의 채색옷에 양의 피를 묻혀 아버지에게 가지고 가서 거짓말을 했다. 아버지가 탄식하며 고통 가운데 신음할 때, 형들은 보르는 체했다. 그런데 지금은 아버지의 고통을 진심으로 아파하고 있다. "그 아이가 나와 함께 가지 아니하면 내가 어찌 내 아버지에게로 올라갈 수 있으리이까 두렵건대 재해가 내 아버지에게 미침을 보리이다" 창 44:34.

형들은 아버지가 베냐민마저 잃고 괴로워할 것을 생각하니 마음이 너무 아팠던 것이다. 이것을 미루어 짐작할 때, 아버지와 형들의 관계가 회복되기 시작했음을 알 수 있다.

요셉의 형들이 베냐민을 데리고 다시 애굽 땅에 올 수 있었던 것은, 아버지 야곱의 변화 때문이었다. 사실 모든 문제의 발단은 야곱의 편애에 있었다. 요셉이 애굽에 팔려온 것은 형들의 시기심이 가장 큰 이유였겠지만, 따지고 보면 야곱이 요셉을 편애했다는 데 근본 원인이 있다.

처음 요셉의 형들이 애굽으로부터 곡식을 가져와서 베냐민을 데려가야 한다고 했을 때, 야곱은 심지어 이렇게 말했다. "그들의 아버지 야곱이 그들에게 이르되 너희가 나에게 내 자식들을 잃게 하도다 요셉도 없어졌고 시므온도 없어졌거늘 베냐민을 또 빼앗아 가고자 하니 이는 다 나를 해롭게 함이로다"창 42:36. 베냐민이 가지 않는다면, 시므온이 어떻게 될지 알 수 없는 상황이었는데도, 야곱의 눈에는 오로지 그가 사랑했던 여인 라헬의 두 번째 아들 베냐민만 보일 뿐이었다. 이것은 야곱의 편애가 얼마나 뿌리 깊었는지를 단적으로 증명하는 모습이다.

"야곱이 이르되 내 아들은 너희와 함께 내려가지 못하리니 그의 형은 죽고 그만 남았음이라 만일 너희가 가는 길에서 재난이 그에게 미치면 너희가 내 흰 머리를 슬퍼하며 스올로 내려가게 함이 되리라"창 42:38. "이스라엘이 이르되 너희가 어찌하여 너희에게 또 다른 아우가 있다고 그 사람에게 말하여 나를 괴롭게 하였느냐"창 43:6. 야곱이 이토록 지독한 편애를 할 뿐 아니라 조금만 어려워도 "다 망하게 하는도다", "나를 괴롭히는도다", "나를 어렵게 하는도다", "너는 정말 나의 화근이로다" 하며 삿대질하고 남 탓하며 부정적이고 감정적이었으니, 아들들과 관계가 좋았을 리 없었다.

우리도 조금만 어려운 상황이 닥치면 삿대질하며, "너 때문이야"라고 남을 원망하고 채근하지 않는가.

식량은 점점 떨어져 가고, 식량을 구하자면 베냐민을 형들과 함께 애굽에 보내야 하니 야곱은 또다시 생사의 큰 갈림길에 놓이게 되었다. 벧엘에서처럼, 얍복 강가 브니엘에서처럼 야곱은 또다시 하나님께 엎드리지 않을 수 없었다. 야곱은 골방에서 기도했을 것이다. 왜 하나님이 내게 이런 어려움을 허락하시는가, 내가 자꾸 불행한 현실에 처하는 원인이 무엇인가를 곰곰이 생각해 보았을 것이다. 그때 야곱은 하나님의 두 가지 속성을 발견했다. 하나님은 권능이 있으신 분이며, 은혜를 베푸시는 분이라는 것이다. 그래서 야곱은 베냐민을 딸려서 아들들을 애굽으로 보내기로 결정하고 이렇게 고백할 수 있었다. "전능하신 하나님께서 그 사람 앞에서 너희에게 은혜를 베푸사 그 사람으로 너희 다른 형제와 베냐민을 돌려보내게 하시기를 원하노라 내가 자식을 잃게 되면 잃으리로다" 창 43:14.

이때 야곱의 심정은 이랬을 것이다. "내 자식을 잃으면 잃으리로다. 죽으면 죽으리로다. 하나님이 하시는 대로 내가 순종하리라. 그동안 내가 움켜쥔 것을 펴리라. 내 것을 주의 것으로 선포하리라." 이제 야곱은 베냐민만 염려하지 않았고, 아들들 모두를 걱정했다. 그리고 하나님께 모든 것을 맡기기 시작했다. 하나님께 모든 것을 전폭적으로 맡기는 아버지의 자세를 본 순간 아들들도 달라졌다.

형들의 삶이 변화되었다는 증거는 이것이다. "요셉이 자기 음식을 그들에게 주되 베냐민에게는 다른 사람보다 다섯 배나 주매 그들이 마시며 요셉과 함께 즐거워하였더라"창 43:34. 예전 같았다면, '아버지도 차별하더니 애굽 총리도 차별하네' 하면서 불편한 심기를 감추지 못했을 것이다. 그런데 동생과 함께 즐거워할 수 있었다는 것은 형들이 진심으로 변화되었음을 보여 준다.

자기희생을 선언하라

진정한 치유의 또 다른 증표는 고통당하는 것을 두려워하지 않는 것이다.

요셉이 잘못을 저지른 베냐민을 인질로 삼겠다고 하니, 유다가 형제들을 대표해 이렇게 말했다. "이제 주의 종으로 그 아이를 대신하여 머물러 있어 내 주의 종이 되게 하시고 그 아이는 그의 형제들과 함께 올려 보내소서"창 44:33. 유다는 자신을 대신 가두고 동생을 살려 달라고 간구했다.

여기서 유다는 죄 짐을 대신 지어 주시는 예수님의 상징적인 모습도 보여 주고 있다.

야곱의 아들들이 이스라엘 민족 12지파를 형성하는데, 그 12지파 중에 하나님 나라의 확장과 구원의 역사에 가장 크게 쓰임 받았던 지파가 유다 지파였다. 유다는 구원의 홀이었다. 구원의 중심이었다. 여기서 12지파가 나오고 하나님의 구원 역사가 영광스럽게 펼쳐지기 시작했다. 형제들은 자신이 가지고 있던 죄성을 다 드러내고, 자기희생을 선언할 수 있는 은혜를 받았다. 이런 과정을 통해 큰 민족을 이루고 그 민족을 통해 구원의 역사를 이루시고자 하는 하나님의 계획이 이루어졌던 것이다.

야곱의 형제들처럼 완전히 깨어져서 희생당할 마음 자세가 된 사람들은 무조건 주님께 순종한다.

우리는 모두 가까운 사람들끼리 상처를 주고받는다. 남편이 아내에게, 아내가 남편에게, 부자 간에, 모자 간에, 형제들끼리, 직장 동료끼리 서로 상처를 준다. 서로 격려하고 성장하도록 도와야 하는 관계가 오히려 상대의 인격을 허물어뜨리고 실망스런 관계로 발전하기 쉬운 것이다. 그것은 마음 밑바닥에 뿌리내린 차가운 분노와 상처를 제대로 처리하지 않았기 때문이다.

상처를 계속 남겨 놓으면 판단력이 마비된다. 판단력이 마비되면 누가 뭐라 해도 말을 듣지 않는다.

우리는 "할 수 있거든 너희로서는 모든 사람과 더불어 화목하라"롬 12:18는 말씀처럼, 남들과 화목하고 남들을 축복하며 선한 관계를 맺어 가야 한다. 물론 이 말씀에 순종해서 나름대로는 최선을 다해 관계 회복에 애쓰는데도, 상대방이 관계 회복을 원치 않을 수 있다. 비록 그렇다 하더라도, 그리스도인은 상대방이 듣든지 안 듣든지 이런 자세를 가지고 최선을 다해야 한다. 그럴 때 최소한 나의 내면의 상처는 치유되어 하나님 앞에서 안정을 누릴 수 있다.

요즘 교회가 해 오던 많은 섬김과 봉사의 일들을 세상에서 휴머니즘이라는 이름으로 행하고 있다. 사람들을 구제하며, 아픈 사람들을 치유하고 섬기며, 사랑의 교제를 나눈다. 하지만 오직 교회만이 할 수 있고 휴머니즘은 할 수 없는 것이 있다. 휴머니즘은 회복을 통한 은혜는 베풀 수 없다. 세상은 비난할 때 같이 비난하며, 잘못했을 때 신랄하게 깎아내린다. 하지만 교회는 그 잘못의 순간에 은혜의 손길을 내민다. 은혜를 통해서 자기희생을 선언하고 한 사람을 회복시키는 일은 오직 교회만이 할 수 있다.

즐거움의 주인공이 되라

서로 회복되지 않고 상처가 지속될 때 가장 큰 손해는 상대방의 기쁨과 행복과 즐거움을 내 것으로 삼을 수 없다는 것이다. 상처가 회복되지 못하면 누가 잘되어도 기쁘지가 않다. 상처가 회복되지 않은 사람은 심지어 자기 자녀가 잘 되어도 기쁘지가 않다. 그냥 '돈 많이 들여서 교육시켜 놓았으니 그렇지' 하고 넘어가 버린다. 진정으로 격려하거나 감사하지 못하는 것이다.

우리의 삶은 절대로 혼자서는 꾸려 갈 수 없다. 나 혼자만의 행복과 기쁨만으로는 삶의 현장에서 날마다 지게 되는 수많은 짐들을 물리칠 에너지를 얻을 수 없다. 이웃의 행복과 즐거움을 내 것으로 삼을 수 있을 때, 이 세상도 거뜬하게 이겨 낼 수 있다. 우리 가운데 단 한 사람이라도 기쁜 사람이 있어 그 기쁨이 내 것이 될 수 있다는 것, 이것이야말로 상처가 회복되고 치유되기 시작했을 때 하나님이 주시는 놀라운 축복이다. 이 축복을 받을 때 놀라운 일이 일어난다. "즐거워하는 자들과 함께 즐거워하고 우는 자들과 함께 울라" 롬 12:15.

"오늘 어떻습니까?"

"좋~습니다!"

우리 중에 한 사람이라도 이렇게 대답하는 사람이 있다면,

그 기쁨과 즐거움이 내 것으로 임할 수 있다. 걱정하지 말라. 나는 즐겁지 않고 행복하지 않아도, 한 사람이라도 우리 가운데 즐겁고 기쁜 사람이 있다면, 그것은 내 기쁨이 될 수 있다. 이것이 바로 내가 지금까지 기쁨과 행복을 가지고 주의 몸 된 교회를 섬겨 온 비결 중 하나다.

누가복음 15장에는 탕자가 나온다. 탕자는 삶의 밑바닥까지 내려가 돼지우리에서 쥐엄 열매를 먹고 살다가 더는 어떻게 살 길이 없어서 아버지 집의 일꾼이라도 되면 좋겠다고 생각했다. 그야말로 자기 자신을 직시한 것이다. 자기 문제를 직시하고 진정으로 뉘우치자 변화가 일어났다. 이제는 고통당할 각오를 하고 집에 돌아왔을 때, 그래서 아버지와 관계가 회복되었을 때 탕자는 아버지의 기쁨을 함께 누리면서 잔치에 참석했다. 그런데 탕자의 형은 동생과의 관계도, 또 자신보다 동생을 더 챙기는 아버지와의 관계도 깨져 있었다. 탕자의 형은 잔치에 참석하지 못했다. 동생과 아버지의 기쁨을 내 것으로 누리지 못한 것이다.

즐거움의 주인공이 되라. 남들을 섬기며 남들을 위해 기도할 때 나의 즐거움은 더 커진다. 그러면 놀라운 일이 일어난다. "사촌이 땅을 사면 배가 아프다"라는 식의 속담은 그리스도인의 사전에는 더 이상 발붙일 곳이 없다. 요셉은 자신을 노예로 팔았던 형들의 아픔을 오히려 자신의 것으로 여겼고, 그들의 즐거움을 진정으로 기뻐했기에 더 큰 즐거움의 주인공이 될 수 있었다. 요셉처럼 다른 사람의 즐거움을 자신의 것으로 누리는 사람은 매력적인 존재가 된다. 에스더가 하나님의 영광을 위해, 민족을 위해 금식기도 할 때, 당대 최고 황제인 아하수에로 왕이 금 규를 내밀며 "나라의 절반이라도 다 주겠다" 하지 않았던가. 다른 사람의 아픔과 즐거움을 함께 나눌 수 있을 때 우리는 시대의 아픔을 섬기는 회복과 치유의 주인공이 될 것이다.

사랑하는 남편, 사랑하는 아내, 사랑하는 가족과 교우들은 이 땅에서만 보아야 할 사람들이 아니라 주님의 나라에 가서도 영원히 보아야 할 사람들임을 잊지 말라. 상처가 치유되어 이웃의 즐거움과 감격을 내 것으로 삼을 수 있는 축복을 구하라. 이웃을 향한 진정한 헌신의 주인공이 되며, 민족을 섬기고 이 시대를 섬기며, 이웃의 모든 즐거움을 누릴 수 있는 은혜를 구하라.

순종선언 여덟

나는 모든 사람으로
화목케 하는 사람이 되겠습니다

인간관계는 누구에게나 어렵다

대부분 인간관계의 갈등과 상처의 문제는, 미봉책만으로 지나갈 때가 많다. 속은 다 썩어 가는데 일시적으로만 좋게 좋게 덮고 가는 것이다. 하지만 인간관계는 이런 식으로는 절대 해결되지 않는다. 요셉은 복수해서 원한을 풀려고 하지 않고, 깨어진 인간관계를 회복함으로써 예전의 상처를 치유하기 원했다.

진정으로 회개하라

어떠한 인간관계도 문제가 생겼을 때, 그 문제를 자기 것으로 인정해야 해결된다. 그때부터 회복이 시작된다. 서로 남 탓하고 삿대질한다면 깨어진 인간관계는 결코 회복될 수 없다. 관계에 문제가 생겼을 때, 하나님이 내 죄를 적발해 주시기를 간구하라.

진정으로 변화하라

내면의 치유 과정은 자기 죄 문제를 직시하고 해결할 뿐만 아니라, 한 걸음 더 나가서 변화가 일어난다. 20여 년 전 요셉의 채색옷에 양의 피를 묻혀 거짓말하고, 아버지가 탄식하며 고통을 외칠 때 모르는 체했던 형들이 변화되었다. 지금 베냐민마저 잃고 괴로워할 아버지의 고통을 진심으로 아파하고 있다.

자기희생을 선언하라

우리는 남들과 화목하고 남들을 축복하며 선한 관계를 맺어 가야 한다. 물론 이 말씀에 순종해서 나름대로는 최선을 다해 관계 회복에 애쓰는데도 상대방이 관계 회복을 원치 않을 수 있다. 비록 그렇다 하더라도, 그리스도인은 상대방이 듣든지 안 듣든지 이런 자세를 가지고 최선을 다해야 한다.

즐거움의 주인공이 되라

걱정하지 말라. 나는 즐겁지 않고 행복하지 않아도, 한 사람이라도 우리 가운데 즐겁고 기쁜 사람이 있다면, 그것은 내 기쁨이 될 수 있다. 다른 사람의 아픔과 즐거움을 함께 나눌 수 있을 때 우리는 시대의 아픔을 섬기는 회복과 치유의 주인공이 될 것이다.

순종선언 기도문 ● 여덟 ●

PRAYER

주님, 저도 오늘 요셉처럼 복수해서 원한을 풀려고 하지 않고, 깨어진 인간관계를 회복함으로써 예전의 상처를 치유하기 원합니다. 관계에 문제가 생겼습니다. 주님, 제 죄를 적발해 주십시오. 회개하겠습니다. 주님, 저를 진정으로 변화시켜 주옵소서. 남들과 화목하고 남들을 축복하며 선한 관계를 맺어 가기를 원합니다. 저와 하나님과의 관계 회복을 위해 주님께서 십자가에 달려 죽으신 것처럼 저도 다른 사람과의 관계 회복을 위해 저 자신을 희생하겠습니다. 주님은 관계가 회복되어 제 친구의 기쁨이 저의 기쁨이 될 수 있다는 놀라운 비밀을 알게 해 주셨습니다. 제가 비록 아무 가진 것도 없고 즐거운 일이 없다 할지라도, 친구가 기쁜 일이 생겼을 때 함께 그 기쁨을 누릴 수 있었습니다. 우리 중에 단 한 사람이라도 기쁜 사람이 있다면, 저도 그 기쁨을 누리고 싶습니다. 주님, 관계를 회복함으로 말미암아 저도 그 즐거움의 주인공이 될 수 있도록 도와주옵소서. 예수 그리스도의 이름으로 간절히 기도드립니다.

슬중선언 아홉

나는 하나님의 섭리 안에서
감사하는 삶을 살겠습니다

창 45:1-8

이 섭리의 신비를 깨달으면
어떤 고통도 하나님이 원하시는 그릇으로
빚어지는 과정으로 이해할 수 있게 된다.
어떤 상황에서도 감사할 수 있게 되며,
많은 축복이 주어진다고 할지라도 교만할 것이 없으니
그 축복을 유지할 수 있다.

지금도 섭리 안에 있음을 믿으라

섭리란 말은 사실 좀 어려운 말이다. 섭리란 쉽게 말하면 우리 각자를 향한 하나님의 계획과 인도하심이라고 말할 수 있다. 어떻게 나를 인도하시고 이끄시는가, 그 하나님의 절절한 심정을 깨닫는 것이 하나님의 섭리에 대해 눈뜨는 것이다. 섭리를 조금 어려운 말로 하면, 창조하신 모든 것들의 목적이 성취되도록 하나님께서 피조물을 돌보시고 보존하시고 통치하신다는 것이다. 하나님은 지금도 한 사람 한 사람을 보존하시고 돌보시고 통치하신다.

하나님께서는 확연하게 붙잡을 수 있는 사건 하나를 우리 앞에 놓으신다. 누구에게나 이제까지 살아오면서 삶의 시계가 정지한 것 같은, 온 세계가 얼어붙는 것 같은 순간을 경험한 적이 있을 것이다. 예를 들면 내 경우에는 1974년 8월 15일 같은 날이 그렇다. 나는 절대로 그날을 잊을 수 없다. 그날은 박대통령의 부인이었던 육영수 여사가 저격된 날이다. 그날 엑스플로대회라는 대형 전도집회가 여의도에서 열리고 있었다. 지금도 아주 선명하게 그 사건이 기억난다. 어른들은 8·15 해방이나 6·25 전쟁이 일어나던 날을 잊지 못할 것이다. 개인적으로도 마찬가지이다. 결혼할 때라든지, 아이를 낳을 때, 사랑의교회에 부임하던 그 주일 사무실에서 잠깐 기도하던 특별한 시간을 잊을 수가 없다. 그 시간들은 마치 정지된 순간들 같다.

그런데 요셉에게도 이런 순간이 있었다. 만약 천국 가서 요셉에게 당신 삶에서 가장 드라마틱한 순간이 언제였는지를 물어 본다면, 그는 틀림없이 형들에게 자신이 요셉임을 밝히는 순간이었다고 말할 것이다.

요셉은 동생 베냐민을 보자마자 감정이 복받쳤다. "요셉이 아우를 사랑하는 마음이 복받쳐 급히 울 곳을 찾아 안방으로 들어가서 울고"창 43:30. 아직까지 그는 자신이 요셉이라는 사실을 드러내지 않았다.

그러나 형들의 회개가 진심이며 삶이 변화되었음을 깨달은 순간, 요셉은 다음과 같이 행동했다. "요셉이 시종하는 자들 앞에서 그 정을 억제하지 못하여 소리 질러 모든 사람을 자기에게서 물러가라 하고 그 형제들에게 자기를 알리니 그때에 그와 함께한 다른 사람이 없었더라"창 45:1. 요셉이 형들에게 자신을 드러낼 때, 혹시 시종이나 비서 같은 사람들이 형들의 부끄러운 과거를 듣고 애굽 사람들에게 알리지 않게 하기 위해서 그는 다른 사람들을 나가게 했던 것이다.

남을 배려하지 않는 정직은 야박한 것이다. 더럽고 부패한 것은 깨끗하게 척결되어야 하지만, 남들의 인격을 말살해서는 정직의 열매를 맺을 수 없다. 정직의 칼날보다 더 중요한 것은 사랑이다. "무엇보다도 뜨겁게 서로 사랑할지니 사랑은 허다한 죄를 덮느니라"벧전 4:8.

형들에게 마음을 연 순간 그동안 억제해 왔던 감정의 깊은 둑이 무너져 내렸다. 그는 걷잡을 수 없는 감격과 울음을 토해 내기 시작했다. "요셉이 큰 소리로 우니 애굽 사람에게 들리며 바로의 궁중에 들리더라"창 45:2. 요셉은 방성대곡을 했다. 평정심을 잃고 그대로 소리 내서 크게 울었다.

물론 요셉이 방성대곡한 것은 회한이나 좌절이나 상처 때문이 아니었다. 형들을 향한 사랑과 화해의 눈물이기도 하겠지만, 머릿속에 고통스러웠던 지난 20여 년이 파노라마처럼 펼쳐지면서 "하나님을 사랑하는 자 곧 그의 뜻대로 부르심을 입은 자들에게는 모든 것이 합력하여 선을 이루"롬 8:28는 신비롭고 놀라운 하나님의 인도와 섭리에 감격한 것이다. 이처럼 하나님의 섭리에 너무나 감격해서 방성대곡할 수 있는 축복을 우리도 구해야 한다.

요셉의 처분만을 기다리고 있던 형들은, 총리대신이 갑자기 울기 시작하자 깜짝 놀라 어찌할 바를 몰랐을 것이다. 요셉이 방성대곡할 때, 아니 신하들을 물리쳤을 때부터 요셉의 형들은 손에 땀을 쥐고 서 있었을 것이다. 두려움이 가득했을 것이다. 마침내 요셉이 입을 열었다. "나는 요셉이라 내 아버지께서 아직 살아 계시니이까" 창 45:3. 요셉은 이 말을 애굽어로 했을까, 히브리어로 했을까? 지금까지 형들과 대화할 때 중간에 통역을 세웠겠지만 신하들이 다 물러간 지금, 요셉은 아마도 히브리어로 직접 형들에게 물었을 것이다.

그때 형들은 경악했을 것이다. 자신들이 노예로 팔아 버렸던, 그래서 생사를 모르고 살았던 요셉이 지금 대왕국의 총리대신이 되어 나타났으니 당연히 두려움에 사지가 벌벌 떨렸을 것이다. 그래서 질문에 아무런 대답도 못할 정도로 얼어 버렸다. "… 형들이 그 앞에서 놀라서 대답하지 못하더라" 창 45:3.

요셉은 수치와 깊은 두려움에 떨고 있는 형들의 눈빛을 읽었다. "요셉이 형들에게 이르되 내게로 가까이 오소서 그들이 가까이 가니 이르되 나는 당신들의 아우 요셉이니 당신들이 애굽에 판 자라 당신들이 나를 이곳에 팔았다고 해서 근심하지 마소서 한탄하지 마소서 하나님이 생명을 구원하시려고 나를 당신들보다 먼저 보내셨나이다" 창 45:4-5. 요셉은 형들이 노예로 팔아 버려서 고통스럽고 힘든 좌절의 순간도 있었지만, 이 모든 과정들이 하나님이 우리 모두를 구원하시려고 앞서 보내신 것이라고 고백하고 있다. 하나님의 놀라운 섭리와 인도에 대한 절절한 간증이 아닐 수 없다. 이것이 바로 우리가 마음 깃을 여미며 깨달아야 할 풍성한 섭리의 신비이다.

어떤 상황에서도 감사하라

섭리는 신비한 것이다. 자신들이 동생에게 절하는 일을 겪지 않으려고 요셉에게 악을 행했다. 하지만 하나님은 오히려 요셉의 꿈을 고스란히 이루어 주셨다. 형들의 악한 행동까지 사용하셔서 요셉이 형들에게 절 받는 위치에 있도록 세우셨다. 이것이 바로 하나님의 섭리였다.

요셉은 지난 20여 년이 넘는 시간 동안 순간순간 기도했을 것이다.

"하나님 저를 불쌍히 여겨 주세요. 너무 힘들어요. 좋으신 하나님, 제게 은총의 표징을 보여 주세요. 주님의 살아 계심을, 그래서 제 기도를 지금도 듣고 계심을 경험할 수 있게 해 주세요."

살아 계신 우리 하나님은 요셉의 기도를 이렇게 멋지게 응답해 주셨다.

우리는 왜 요셉처럼 하나님의 신비를 체험하지 못하는가. 그것은 하나님의 섭리를 볼 수 있는 안목을 잃어버렸기 때문이다. 우리도 요셉처럼 애굽에 팔려 가고, 삶의 감옥에 갇히며, 함정에 빠질 때가 있다. 인생의 고통이란 고통은 전부 다 겪을 때도 있다. 하지만 상황에 갇혀 버리면 하나님이 계획하시고 실천하시는 섭리의 신비를 보는 안목을 잃어버리기가 쉽다. 굴욕스럽고 비참한 상황에 억눌려 큰 그림을 못 볼 수가 있다. 이렇게 상처받다 보면 오히려 마음속에 쓴 뿌리가 억세게 자라나 영적인 눈이 어두워지게 된다. 그러니 당연히 하나님께서 행하시는 섭리의 신비와 경이로움을 체험하지 못하는 것이다.

어려운 상황 속에 있더라도, 하나님은 우리가 인생의 어려움들을 통해서 하나님이 쓰실 만한 큰 그릇으로 준비되기를 원하신다. 상처와 분노와 좌절과 회한도 담아낼 수 있는 그릇으로 빚어지기를 원하신다. 그릇만 준비되면 하나님은 그 그릇으로 생명의 역사를 펼치기 원하신다. 요셉은 어띠한 상황 가운데서도 하나님의 섭리를 볼 수 있었기 때문에, 그릇이 준비되었기 때문에 아버지와 가족들뿐만 아니라 애굽과 온 나라 백성들을 구원할 수 있었다.

또 그는 히브리 민족을 고센 땅으로 이주시키는 구속 역사를 감당했다. 하나님께서 이스라엘을 제사장 나라로 삼으시기 위해서는 70명의 가족을 200만 명이라는 민족으로까지 애굽 땅에서 키우셔야 했던 것이다. 이스라엘은 그 민족을 보는 사람들마다 우리도 하나님을 믿으면 저렇게 될 수 있겠구나 하고 알도록 축복의 근원 역할을 감당했다.

모든 것들을 다 담아낼 수 있는 통 큰 그릇으로 준비시키는 것이 하나님 섭리의 신비다. 자신만을 위해 사는 자가 아니라 하나님의 영광과 이웃의 행복을 위해 살아가는, 하나님의 구원역사를 담을 그릇으로 준비시키려는 것이다. 이 섭리의 신비를 깨달으면 어떤 고통도 하나님이 원하시는 그릇으로 빚어지는 과정으로 이해할 수 있게 된다. 어떤 상황에서도 감사할 수 있게 되면 많은 축복이 주어진다고 할지라도 교만할 것이 없으니 그 축복을 유지할 수 있다. 하나님 섭리의 신비를 깨달으면 자신의 노력과 수고를 과장하거나 반대로 평가절하하지 않는다.

우리는 때로 하나님의 섭리를 잘못 이해해서, 하나님 앞에 자신의 잘못을 합리화하기도 한다. 만약 형들이, 우리가 그때 요셉을 애굽에 팔았기에 일이 이렇게 잘되었다고 한다면, 그것은 하나님의 섭리를 오해하는 것이다. 형들이 요셉을 애굽에 팔아 버린 것은 아주 악한 동기에서 비롯된 것이었다. "당신들은 나를 해하려 하였으나 하나님은 그것을 선으로 바꾸사 오늘과 같이 많은 백성의 생명을 구원하게 하시려 하셨나니" 창 50:20.

영적으로 철든다는 것은 바로 이 하나님 섭리의 신비를 깨닫는 것을 말한다. 나이가 들어 갈수록 영적으로 철들어야 한다. 내가 누리는 것, 내가 가진 지위, 가정, 실력, 이 모든 것들이 내 노력으로 얻은 것이라고 생각한다면 영적으로 철이 덜 든 것이다. 지금까지의 내 삶이 과연 내 힘으로 이룩된 것인지를 가만히 생각해 보라. 우리는 분명 몇 번이라도 대형 교통사고가 날 만한 상황에 처한 적이 있었으며, 반드시 그 회사에 취직되지 못할 상황들이 있었고, 남편과 헤어질 뻔한 위기도 겪었다. 하지만 그 불안한 시간들을 뚫고 지금 이렇게 삶을 꾸려 가고 있는 것은 분명 하나님의 섭리이다.

환난 속에서 위로를 받으라

우리가 하나님의 섭리를 깨달을 때 얻는 유익이 3가지 있다.

첫째, 환난 속에서의 위로

하나님의 섭리를 깨달으면 환난과 두려움 속에서도 참된 위로를 맛볼 수 있다. 그동안 계속 상처만 받고 하나님이 주시는 특별한 위로가 없었다면, 요셉은 정신병에 걸렸을 것이다. 너무 억울해서 그 상처 때문에 밤마다 뒤척이다가 나중에는 제풀에 지쳐 뼈만 앙상해 죽었을 것이다. 하지만 그는 하나님께서 이루실 섭리의 손길을 믿었기에 노예의 삶에서도, 또 감옥에서도 발 뻗고 편안히 잘 수 있었다.

하나님이 전 세계 인구 가운데 나를 택하시고 나를 위해 피흘려 주시고 구원의 놀라운 은총을 맛보게 하셨기에 그 자녀가 되었다는 사실을 믿지 못하는 사람이라면, 하나님의 섬세하신 인도를 믿지 못하는 사람이라면 어떻게 편안히 잠자리에 들 수 있겠는가? 하나님의 인도하심을 믿지 못하는 사람이라면 밤 11시, 12시에 갑자기 걸려오는 전화를 어떻게 담대히 받을 수 있겠는가? 하나님의 섭리를 믿지 못하는 사람이라면 어떻게 피 튀기는 경쟁 사회에서 매출 보고서를 편안한 마음으로 작성할 수 있겠는가? 하나님은 환난 속에서도 위로하시는 분이다. 섬세하게 인생의 길을 인도하시는 분이다. 참새 한 마리가 떨어지고 팔리는 것을 다 아시는 분이다. 하나님의 섭리를 확신하라. 그럴 때 우리는 환난 속에서 위로받을 수 있다.

둘째, 혼란 속에서의 안정

지금 세계는 복잡하고 혼란스럽다. 이에 대해서는 더 이상 구구한 설명이 필요 없을 것이다. 얼마나 빠른 속도로 삶의 혁명이 일어나고 있는지 모른다. 하지만 이렇게 빠르게 돌아가는 오늘의 세태도 머지않아 또 다른 세태를 맞이할 것이다. 한 순간에 대형 기업이 넘어지고 영업의 판세가 뒤바뀌고 있다. 사상 논쟁과 수도권 이전 문제, 미군 감축, 세계 속에서 한국의 위치, 경제적 어려움, 신용불량자, 혼란스런 남북 문제, 이 모든 것들을 생각하면 어디에서 안정을 찾을 수 있을지 답답한 마음이 앞선다.

하지만 하나님의 섭리를 인정하는 사람은 혼란 속에서도 태평양 같은 안정을 누릴 수 있다. "보라 그에게는 열방이 통의 한 방울 물과 같고 저울의 작은 티끌 같으며 섬들은 떠오르는 먼지 같으리니"사 40:15. 하나님의 섭리에서 보면 열방은 한 방울의 물과 같다. 저 큰 중국도 한 방울의 물이다. 저울의 작은 티끌 같다.

감자를 캘 때 흙도 묻어 나온다. 그러나 감자를 저울에 달아 무게를 재는데, 그 흙먼지를 따로 떼어서 계산하는 사람은 없다. 그렇게 하나 안 하나 큰 차이가 없기 때문이다. 우리 입장에서 이거 큰일 났다, 문제다 싶은 일들이 사실은 하나님 앞에서 티끌과 같고 한 방울의 물과 같고 떠오르는 먼지와 같은 것이다. 우리 마음이 넓어져야 한다. 하나님의 섭리를 생각하면, 하나님이 어떤 분이신가를 기억하면 감사가 절로 나올 수밖에 없다.

한번은 도올 김용옥의 방송을 보다 '공영방송에서 어떻게 저렇게 기독교를 폄하할 수 있는가' 하는 분노와 함께, 갑자기 여호와의 이름을 비웃은 골리앗과 싸우러 나섰던 다윗의 심정이 느껴졌다.

그런데 가만히 생각해 보니까, 그가 아무리 큰소리쳐도 티

끝과 같다는 생각이 들었다. 도올은 기독교 집안에서 자라 기독교를 잘 아는 것처럼 말하지만, 그는 아직 하나님의 섭리를 깨닫지 못했다. 그는 복음의 능력과 부딪힌 적도 없고, 성령의 역사에 대해 눈이 열린 적도, 초월적인 하나님의 인격과 맞닥뜨려 본 적도 없다. 공부 많이 하고 똑똑하다고 하지만, 그 제한된 인간의 지성을 가지고 어떻게 하나님의 존재를 알겠는가. "거룩하신 이가 이르시되 그런즉 너희가 나를 누구에게 비교하여 나를 그와 동등하게 하겠느냐 하시니라" 사 40:25.

하나님과 비길 만한 그 누구도 존재하지 않는다는 사실, 이것이 바로 혼란하고 불안하고 무질서한 세상 속에서 하나님의 섭리를 깨달을 수 있는 은혜의 지름길이 될 것이다.

셋째, 자유의지의 축복을 이해

흔히 하나님의 주권적인 섭리와 인간의 자유의지는 서로 모순되는 것으로 이해하곤 한다. 하나님의 주권만 이해하면 인간은 로봇과 같은 수동적 존재로 전락할 수 있다. 하나님이 다 하신다고 해 버리면 인간이 무엇을 하려고 시도한다는 것 자체가 우스워지게 된다. 또 인간의 자유의지만 강조하다 보면 하나님은 인간의 어떤 상황에 대해서 아무런 역할도 할 수 없는 무책임하고 무능력한 존재가 되어 버린다. 이것이 이원론적 생각이다.

하지만 현재 생활에 충실할 수 있는 하나님의 섭리에 눈뜨기 시작하면, 하나님의 주권과 인간의 자유의지가 서로 모순되는 것이 아님을 알 수 있다. 모순이라는 말은 둘 중 하나가 결코 일어나지 않을 때 쓰는 말이니, 하나님의 주권도 있고 인간의 자유의지도 있다면, 이 둘은 서로 모순되는 것이 아니다. 이 둘은 모순관계가 아니라 거룩한 역설의 관계이다. 거룩한 역설은 겉으로 보기에는 모순처럼 보이지만 더 깊은 차원으로 들어가면 둘 다 진실이라는 것이다.

하나님은 창조주이신데 이 창조주 하나님이 인간의 몸을 입고 이 땅에 오셨다. 그렇게 하셔서 피 흘려 우리를 구원해 주시고 자녀 삼아 주셔서 구원 역사에 동참하도록 길을 열어 놓으셨다. 하나님의 주권과 인간의 자유의지가 서로 부딪히지 않도록 하신 것이다. 이것은 모순이 아니라 거룩한 역설이다.

이제 다시 요셉의 이야기로 돌아가 보자. 요셉은 형들에게 가까이 오라고 했다. 예수님이 "수고하고 무거운 짐 진 자들아 다 내게로 오라 내가 너희를 쉬게 하리라"마 11:28고 초청하신 것처럼 범죄한 형들을 초청했다. 그리고 자신이 요셉임을 밝혔다. 형들은 가나안 시골 사람들이었지만, 요셉의 음성을 듣고 초청을 받아들였을 때 왕족이 되었다.

우리는 범죄했다. 과거에 상처받았다. 섭리의 신비도 몰랐다. 날마다 불평선언만 하고 살았다. 그런데 주님은 가까이 오라 하시고 "내가 그로라" 하고 자신이 구세주이심을 밝히신다. 우리가 그 예수님의 초청을 받아들이기만 한다면, 하늘나라 잔치에서 주님과 함께 교제하며 하나님의 신비한 능력을 체험하게 될 것이다.

만족하는 신앙을 가지라

요셉은 형들을 통해 아버지 야곱을 애굽으로 초청했다. "그들이 또 요셉이 자기들에게 부탁한 모든 말로 그에게 말하매 그들의 아버지 야곱은 요셉이 자기를 태우려고 보낸 수레를 보고서야 기운이 소생한지라" 창 45:27. 요셉이 죽은 줄만 알았는데 아들이 초청장을 보내왔고, 초청장만 보내온 것이 아니라 황제가 타는 멋있는 수레까지 보내왔다. 요즘 식으로 하자면 벤츠 600을 보낸 셈이다. 또 100평짜리 아파트의 등기부와 수익률이 안정적인 증권까지 다 보내온 셈이다.

그런데 야곱은 이렇게 말한다. "이스라엘이 이르되 족하도다 내 아들 요셉이 지금까지 살아 있으니 내가 죽기 전에 가서 그를 보리라" 창 45:28. 이것이 바로 우리 인생이 하나님 앞에서 아름답게 나이 들어 갈 수 있도록 우리를 지탱해 줄 놀라운 영적 기둥이다. 이것은 요셉이 멋진 재물들을 보내왔기 때문에 만족한다는 것이 아니라 지금 이 순간 하나님 앞에서 만족하고 있다는 고백이다.

험악한 인생을 살았던 야곱의 모든 문제 발단은 항상 불만족이었다. 야곱은 하나님이 인도하신 환경에 대해 만족할 수 없었다.

'나를 둘째 아들로 태어나게 하다니….'

야곱은 자기에게 허락된 삶의 분량만으로 만족하지 못했기 때문에 형의 장자권도 빼앗아야만 했고, 축복도 가로채야 했고, 삼촌 집에 가서도 삼촌을 이겨야 했으며, 어찌 되었든 부인을 얻었음에도 한 여인을 향한 마음을 단념할 수 없었고, 부자가 되어야만 했고, 무슨 일이 있어도 자기가 원하는 대로 삶을 끌어가야만 했다. 야곱은 끊임없는 욕망의 포로가 되어 욕심의 지배를 받고 살아왔다. 불만족에서 출발한 인생은 고생의 연속이었다. 야곱이 미리 일어서 자족할 줄 알았다면, 험악한 세월이 아니라 축복의 삶 가운데서 살았을 수도 있었다. 그런 그가 드디어 '만족한다'는 고백을 한 것이다.

하나님은 욕심 많은 내가 진실로 "주님, 저는 만족합니다" 하는 고백을 할 때까지 훈련시키신다. 아무리 내가 욕심을 가지고 난리를 쳐도, 하나님이 꼭 써야겠다고 뽑으신 사람은 반드시 이 고백을 할 때까지 지독하게 훈련시키신다. 하나님은 욕심 많고 불평 많은 야곱이 이 고백을 하기까지 부모 품을 떠나 광야로 도망가게 하시고, 환도뼈도 부러지게 하시고, 아내에게 속게도 하시고, 자식들이 반항하게도 하시고, 딸이 성폭행당하고, 사랑하는 자식도 잃어버리도록 허락하셨다.

반면 요셉은 어떠했는가. 요셉은 종살이를 할 때도, 감옥살이를 할 때도 하나님 한 분 만으로 만족했다. 요셉은 '만족함'을 일찌감치 체험했다. 그래서 그의 훈련은 나이 30에 끝났다.

그러니 미리미리 알아서 포기하라. 불평하지 말고 현실에 만족하라. 미리 알아 항복하는 것이 훈련을 끝내는 제일 좋은 방법이다. 주님 앞에서 일찌감치 "만족합니다" 하고 고백하면 하나님은 우리를 더 빨리 아름답게 성장하게 만드신다. 만족하면 영적으로 아름답게 나이 들어 갈 수 있다.

만족에 대해 눈을 뜨라. 그러면 영혼의 창이 열릴 것이며 우리는 너무도 아름답게 자라날 것이다.

야곱은 요셉의 초청에 응해서 모든 소유를 이끌고 애굽으로 내려갔다.

"이스라엘이 모든 소유를 이끌고 떠나 브엘세바에 이르러 그의 아버지 이삭의 하나님께 희생제사를 드리니"창 46:1. 하나님께 희생을 드렸다는 말은 제단을 쌓았다는 것이다. 가나안 지방 최북단은 단이고 최남단은 브엘세바이다. 그래서 흔히 이스라엘을 가리켜 단에서 브엘세바까지라고 한다. 그러니까 최남단 브엘세바는 애굽으로 들어가는 관문인 것이다. 애굽으로 들어가기 직전 야곱은 하나님께 예배를 드렸다. 하나님께 자기를 헌신했던 것이다.

야곱의 생애 전체를 돌이켜보면 이것은 매우 특기할 만한 일이다. 왜냐하면 야곱은 지금까지 한 번도 먼저 하나님께 예배드린 적이 없었기 때문이다. 이제까지는 늘 사고치고, 피 튀기고, 고생하고, 박 터지고, 문제가 생겨야 할 수 없이 하나님 앞에 무릎을 꿇었다. 젊은이들이 하는 말로 '땜질 예배'를 늘 드렸던 것이다.

처음에 야곱은 아버지를 속이고 도망가다가 광야에서 하나님을 만났다. 그때 야곱은 사닥다리를 통해 '하나님이 아버지 집에만 있는 분이 아니고 내가 가는 곳마다 계시는 분'이라는 사실을 깨달았다. 그러고 나서 그곳에서 하나님께 예배드리고 벧엘이라 이름 지었다.

그다음에는 하란 땅 삼촌 집에 숨어 살다가 야반도주를 했다. 삼촌이 자신을 쫓아오고, 형 에서가 복수의 칼을 갈면서 자신을 죽이러 달려오는 위기의 순간을 맞이하게 됐다. 그때 야곱은 얍복 강가에서 밤새 씨름하고 난 다음 하나님께서 주신 은혜가 너무 감사해 브니엘이라는 이름을 붙이고 또 제단을 쌓았다.

또 세겜 땅에서 딸 디나가 성폭행당하고 이에 분노한 아들들이 세겜 족속을 다 죽이는 바람에 살인자가 된 기막힌 일을 당한 뒤로 정신이 번쩍 들어 다시 벧엘로 돌아와 하나님께 예배드렸다.

그런데 오늘 처음으로 야곱은 문제가 일어나기 전에 하나님 앞에 제단을 쌓은 것이다. 이 마음을 갖기까지 야곱은 하나님 앞에서 얼마나 많은 연단을 받았는가. 이런 마음 때문에 하나님은 야곱을 축복하시고 아름답게 나이 들어가도록 허락하셨다. "그 밤에 하나님이 이상 중에 이스라엘에게 나타나 이르시되 야곱아 야곱아 하시는지라 야곱이 이르되 내가 여기 있나이다 하매 하나님이 이르시되 나는 하나님이라 네 아버지의 하나님이니 애굽으로 내려가기를 두려워하지 말라 내가 거기서 너로 큰 민족을 이루게 하리라 내가 너와 함께 애굽으로 내려가겠고 반드시 너를 인도하여 다시 올라올 것이며 요셉이 그의 손으로 네 눈을 감기리라 하셨더라" 창 46:2-4.

히브리 원어로 행간을 따라 읽어 보면, 하나님의 이런 축복 뒤에는 "하나님, 저 요셉을 보고 싶고 애굽으로 내려가고 싶지만, 만약에 하나님이 허락하지 않으신다면 제가 내려가지 않겠습니다. 하나님이 허락하지 않으시면 저는 못 내려갑니다. 저는 요셉까지도 포기할 수 있습니다" 하는 야곱의 마음가짐이 있었음을 알 수 있다. 그렇기에 하나님은 야곱의 마음을 아시고 애굽으로 가는 것을 허락해 주신 것이다.

주님 앞에 제단을 쌓으면, 주님 앞에 먼저 알아서 자신을 희생하고 예배를 드리면 하나님이 우리의 마음을 주장하신다. 그러면 우리의 얼굴에 은혜의 꽃이 만발하며, 어떤 상황에도 감사할 수 있게 된다. 만족함으로 주님 앞에 영적으로 성숙해졌기에 야곱은 믿음의 조상이 되었다. "야곱의 하나님을 자기의 도움으로 삼으며 여호와 자기 하나님에게 자기의 소망을 두는 자는 복이 있도다"시 146:5.

"가까이 오라"라고 하시는 주님의 음성을 들으라. 지나간 세월 가운데 상처받고 고통하며 회한의 삶을 살았다면, 환난 속에 위로를 주시고 삶의 혼란 속에 안정을 주시는 주님의 섭리를 기억하라. 아무리 큰소리치고 권력을 구가하는 자들이라 해도 그들은 한 방울의 물과 같고 먼지와 같고 티끌과 같다는 사실을 기억하라. 주님 앞에 당신의 삶을 의존하라. 주님께 일생을 맡기라.

순종선언 아홉

나는 하나님의 섭리 안에서
감사하는 삶을 살겠습니다

지금도 섭리 안에 있음을 믿으라

섭리란 우리 각자를 향한 하나님의 계획과 인도하심이라고 말할 수 있다. 어떻게 나를 인도하시고 이끄시는가, 그 하나님의 절절한 심정을 깨닫는 것이 하나님의 섭리에 대해 눈뜨는 것이다. 하나님은 지금도 한 사람 한 사람을 그 창조하신 목적이 성취되도록 피조물들을 돌보시고, 보존하시고, 통치하신다.

어떤 상황에서도 감사하라

어떤 상황에서도 감사할 수 있게 되면 많은 축복이 주어진다고 할지라도 교만할 것이 없으니 그 축복을 유지할 수 있다. 하나님 섭리의 신비를 깨달으면 자신의 노력과 수고를 과장하거나 반대로 평가절하하지 않는다. 영적으로 철든다는 것은 바로 이 하나님 섭리의 신비를 깨닫는 것을 말한다. 내가 누리는 것, 내가 가진 지위, 가정, 실력 이 모든 것들이 내 노력으로 얻은 것이라고 생각한다면 영적으로 철이 덜 든 것이다. 나이가 들어 갈수록 영적으로 철들어야 한다.

환난 속에서 위로를 받으라

하나님의 인도하심을 믿지 못하는 사람이라면 밤 11시, 12시에 갑자기 걸려오는 전화를 어떻게 담대히 받을 수 있겠는가? 하나님의 섭리를 믿지 못하는 사람이라면 어떻게 피 튀기는 경쟁 사회에서 매출 보고서를 편안한 마음으로 작성할 수 있겠는가? 하나님은 환난 속에서도 위로하시는 분이다. 섬세하게 인생의 길을 인도하시는 분이다. 참새 한 마리가 떨어지고 팔리는 것을 다 아시는 분이다. 하나님의 섭리를 확신하라. 그럴 때 우리는 환난 속에서 위로받을 수 있다.

만족하는 신앙을 가지라

미리미리 알아서 포기하라. 불평하지 말고 현실에 만족하라. 미리 알아 항복하는 것이 훈련을 끝내는 제일 좋은 방법이다. 주님 앞에서 일찌감치 "만족합니다" 하고 고백하면 하나님은 우리를 더 빨리 아름답게 성장하게 만드신다. 만족하면 영적으로 아름답게 나이 들어 갈 수 있다.

순종선언 기도문 • 아홉 •

PRAYER

주님, 섭리란 우리 각자를 향한 하나님의 계획과 인도하심이라고 배웠습니다. 주님께서 어떻게 저를 인도하시고 이끄시는지 그 하나님의 절절한 심정을 깨닫는 것이 하나님의 섭리에 대해 눈뜨는 것임을 알았습니다. 주님은 지금도 한 사람 한 사람을 창조하신 목적이 성취되도록 피조물들을 돌보시고, 보존하시고, 통치하고 계십니다. 그 하나님을 찬양합니다. 주님, 저를 다스려 주시니 감사합니다.

하나님의 섭리를 알기에 이제 저는 어떤 상황에서도 감사할 수 있습니다. 주님은 이것이 바로 진정한 축복이라고 말씀하십니다. 주님, 제가 영적으로 철이 들어서 이 하나님 섭리의 신비를 깨닫기 원합니다. 제가 누리는 것, 제가 가진 지위, 가정, 실력, 이 모든 것들이 제 노력으로 얻은 것이라는 철없는 생각을 하지 않고, 언제든 감사하게 하옵소서. 섬세하게 인생의 길을 인도하시며 참새 한 마리가 떨어지고 팔리는 것을 다 아시는 하나님의 섭리를 믿기에, 하나님 저는 언제나 만족할 수 있습니다. 예수 그리스도의 이름으로 간절히 기도드립니다.

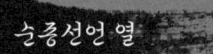

집중선언 열

나는 하나님 안에서
항상 꿈꾸는 자로 살겠습니다

창 48:1-22, 50:15-26

하룻밤도 꿈 없이 잠들지 말자.
한 번밖에 없는 인생이다.
흐트러진 우리의 모습들을 다시 한 번 가다듬고,
보이지 않는 세계를 집중해서 보는 영의 눈을 뜨라.
하나님이 어떤 은혜를 주실지 기대하라.
그리하여 겨우겨우 마른 가지의 삶을 사는 것이 아니라
풍성한 열매 맺는 삶을 살자.

풍성한 노후를 대비하라

20여 년 전에 들은 설교인데, 지금까지도 기억하고 있는 설교가 하나 있다. 안이숙 사모님의 부군이신 김동명 목사님 교회에서 부교역자로 있을 때였다. 한번은 김 목사님이 출타를 하셨는데 그분의 아버지가 오셔서 설교를 하게 되었다. 그런데 당시 그분의 나이가 92세였다. 92세에 무슨 설교를 하실까 너무 궁금해서 귀를 쫑긋 세우고 들었다. 그날 본문 말씀은 전도서 12장 3-7절이었으며, 설교 제목은 "노쇠의 비애"였다. 목사님은 말씀을 이렇게 푸셨다.

"맷돌질하는 자들이 적으므로 그칠 것이며", 이것은 어금니가 상해서 음식을 잘 씹지 못한다는 것이란다. "창들로 내다보는 자가 어두워질 것이며", 이것은 눈이 침침해져서 잘 안 보인다는 말이란다. "새의 소리로 말미암아 일어날 것이며", 이것은 어른들이 아침잠이 없어 일찍 일어나는 것이란다. "금 그릇이 깨어지고 항아리가 샘 곁에서 깨지고 바퀴가 우물 위에서 깨지고"는 몸이 병들었을 때 나타나는 현상들이라는 것이다. 그분의 설교를 들으면서 얼마나 많은 생각을 했는지 모른다.

사람은 누구나 늙는다. 한 시대를 풍미했던 영웅호걸도 늙어 간다. 이것은 정상적인 현상이다. 육신만이 아니라 마음도 늙는다. 그런데 나이가 들면서 더 이기적이고 더 미숙해지는 분들이 우리 주위에는 많이 있다. 현직에서는 그렇지 않았는데, 은퇴 이후 더욱 쉽게 화를 내고 너그러움이 사라진 분들이 많다. 나이가 들어서도 미숙한 사람을 심리학에서는 '성인아이'라고 부른다. 이처럼 나이가 든다고 해서 어른이 되는 것이 아니라 인격이 자라야만 어른이 된다.

자기 직책이 자기 인격이라고 생각하는 사람이 있다. 그렇지 않다. 직책은 인격이 아니다. 그의 내면의 성숙이 인격이다. 사람의 위대함은 겉모습이 아니다. 내면외 성숙이 위대함이다. 주님은 "겉 사람은 낡아지나 우리의 속사람은 날로 새로워지도다" 고후 4.16라고 말씀하셨다.

요셉의 장년기와 노년기를 보면 이 말이 실감이 난다. 그는 나이가 들수록 더욱 풍성히 열매 맺는 삶을 살았다. 크기는 점점 작아져도 갈수록 더욱 당도 높은 귤을 맺는 밀감나무처럼, 그 삶은 늙어 갈수록 더욱 풍성한 열매를 맺었다. 요셉은 어떻게 그렇게 풍성한 노후를 보낼 수 있었을까. 요셉의 삶을 추적하던 중에 나는 요셉의 삶이 압축된 단 한 구절을 만났다.

"요셉은 무성한 가지 곧 샘 곁의 무성한 가지라 그 가지가 담을 넘었도다"창 49:22.

이 말씀을 본 순간 두 눈이 번쩍 뜨이는 것만 같았다.

샘 곁에 뿌리를 내리라

풍성한 나무는 뿌리가 내려져야 하는데, 그것도 제대로 된 곳에 뿌리가 내려져야 한다. 하나님은 예레미야에게 이렇게 말씀하셨다. "그는 물가에 심어진 나무가 그 뿌리를 강변에 뻗치고 더위가 올지라도 두려워하지 아니하며 그 잎이 청청하며 가무는 해에도 걱정이 없고 결실이 그치지 아니함 같으리라"렘 17:8. 생애에 가뭄이 온다고 할지라도 두렵지 않을 정도로 샘 곁에 뿌리를 굳건히 내릴 때 그 나무가 튼실하게 자란다는 것이다. 제대로 된 곳에 뿌리를 내려야 한다. 씨가 아무리 좋아도, 아무리 품종 좋은 나무라 할지라도, 그 나무가 사막에 뿌리를 내린다면 얼마 지나지 않아 메말라 죽을 수밖에 없다. 그래서 뿌리를 튼실하게 내리는 것이 열매 맺는 삶을 위한 선결 과제이다.

그렇다면 풍성한 요셉의 삶은 어디에 뿌리를 내렸는가.

요셉은 110세에 하나님께 부름 받았다창 50:26. 30대 초반 전까지는 험악한 일을 겪었지만, 그 이후 적어도 50-60년 이상은 애굽의 지도자로서 일상적인 삶을 살았을 것이다. 애굽에서 날마다 똑같은 삶을 반복하면서도, 요셉의 정신이 샘 곁의 무성한 가지가 되고 풍성할 수 있었던 이유는 무엇이었을까.

"요셉이 또 이스라엘 자손에게 맹세시켜 이르기를 하나님이 반드시 당신들을 돌보시리니 당신들은 여기서 내 해골을 메고 올라가겠다 하라 하였더라"창 50:25. 바로 이것이 요셉의 뿌리였다.

요셉은 애굽의 고관대작이었다. 총리였다. 사브낫바네아라는 애굽식 이름을 가지고 살았다. 애굽 제사장이었던 보디베라의 딸 아스낫을 아내로 맞이했다. 애굽의 문화에 익숙했다. 당대 최고의 삶을 살았다. 그럼에도 요셉은 애굽의 삶에 젖어들지 아니하고, 진정한 고향으로 돌아갈 꿈을 잃지 않았다. 요셉은 늘 이 땅에서의 삶이 전부가 아니라, 영혼의 고향인 가나안에 가고 싶어 했던 것이다. 요셉의 마음은 영혼의 고향, 죽음 이후에도 계속될 영원한 세계를 준비했다. 거기에 마음이 잇닿아 있었다.

신약의 히브리서 기자는 요셉의 삶을 이렇게 해석한다. "믿음으로 요셉은 임종시에 이스라엘 자손들이 떠날 것을 말하고 또 자기 뼈를 위하여 명하였으며"히 11:22.

요셉은 적어도 삼대손을 보고 그들을 양육하면서 평안한 노후를 맞이했다. "요셉이 그의 아버지의 가족과 함께 애굽에 거주하여 백십 세를 살며 에브라임의 자손 삼대를 보았으며 므낫세의 아들 마길의 아들들도 요셉의 슬하에서 양육되었더라"창 50:22-23. 편안한 노후가 목표였다면, 그의 삶은 죽음으로 끝났을 것이다. 하지만 요셉은 그 이후의 세계를 볼 수 있는 안목을 가지고 있었다.

요즘 광고의 핵심 주제는 편안한 노후를 보내라는 것이다. 예쁜 손주 돌보면서 안정되고 평안한 노후를 보내는 것 그 자체가 나쁜 것은 아니다. 손주가 너무 이쁘니까, "이럴 줄 알았으면 아들 안 낳고 손주 낳을걸…" 했다는 우스갯소리도 들었다. 할아버지들끼리 모이면 손주 얘기를 너무 많이 하니까 손주 얘기하면 벌칙금 내기로 규칙을 정해 놓았더니, "나 만 원 내고 손주 얘기할래" 했다는 이야기도 있다.

하지만 그것만이 우리 인생의 전부는 아니다. 그것만이 우리 인생의 전부가 되면 우리의 뿌리는 사막에 박힌 것이다.

우리는 이 땅의 세상과 하늘나라라는 두 세계 사이에서 갈등하며 살아간다. 하루아침에 이 세상 죄악들을 다 떠나서 수도원에 들어가 살 수는 없다. 아무리 예수님을 믿고 하늘나라에 대한 확신을 갖게 되었다 하더라도, 우리는 예수님을 믿기 전이나 믿고 나서나 늘 똑같은 일상의 삶을 살아야 한다. 슈퍼마켓에 가야 하고, 자동차를 타야 하고, 아이들을 교육해야 한다. 하지만 이 일상의 풍경이 삶의 전부는 아니라는 것이다.

영원에 대해 눈을 뜬 예수 믿는 사람은 하늘나라에 뿌리를 내려야 한다.

그리스도인은 영적인 양서류이다. 그리스도인의 삶은 개구리의 삶과 같다. 개구리는 태어날 때 폐가 없다. 그래서 물속에서 살아야 한다. 하지만 조금 자라면 폐가 생겨 땅 위에서도 살 수 있다. 개구리는 물과 땅 사이를 오가며 살 수 있다. 우리도 이와 똑같다.

그리스도인은 보이는 세계와 보이지 않는 세계, 이 두 세계 모두를 살아갈 능력을 가지고 있다. 한쪽 세계에만 치우치는 순간 삶은 기형적이 되고, 결국에는 열매 없는 인생을 살 수밖에 없다.

문제는 대부분의 사람들이 보이는 세계에 너무나 익숙하다는 것이다. 보지 않으려고 해도 새 차, 명품 옷은 딱 눈에 보이지만 이웃의 고통당하는 자매, 홀로 사시는 어르신의 마음은 집중해서 보지 않으면 보이지 않는다. 그래서 우리는 이 땅에 보이는 것에 쉽게 흡수당하고 산다.

이것이 소위 영적인 삼투압의 원리이다. 삼투압은 가만히 있어도 주변 것이 스며드는 현상이다. 이 땅의 사고방식은 아무리 내가 피하려고 해도 막 스며든다. 그러니 보이지 않는 세계에 대해, 영적인 세계에 대해 의식적으로 집중해서 살아가지 않으면 우리 영혼의 안목은 흐려질 수밖에 없다. 거룩한 칼날 위에 긴장감을 가지고 있을 때, 보이지 않는 세계에 대한 영혼의 감각이 시들지 않는다.

그렇게 요셉은 우선순위를 잊지 않았다. 요셉은 세계 최대의 제국에서 제일 바쁘고 경황없는 최고의 위치에 있는 사람이었지만, 끝까지 근원을 잃지 않았다. "이스라엘이 요셉에게 또 이르되 나는 죽으나 하나님이 너희와 함께 계시사 너희를 인도하여 너희 조상의 땅으로 돌아가게 하시려니와"창 48:21. 지금 야곱은 하나님께서 인도해서 조상의 땅으로 돌아가게 하시려는 계획을 잊지 말라고 하는 것이다. 나중에 요셉은 출애굽 할 때 자신의 해골을 가지고 나가라는창 50:25 참조 유언을 남겼다. 아무리 잘나고 아무리 괜찮아도, 아무리 인생의 절정기에 올라 있어도, 처음 받은 은혜, 처음 내 마음속에 우선순위를 두어야 할 것의 자리를 놓치지 않았던 것이다.

얼마 전 청소년을 위한 한 대형 집회 때 일어났던 일이다. 그날은 집회 내내 비가 억수같이 쏟아졌는데도 2-3만 명의 청소년들이 자리를 떠나지 않고 그 빗속에서 2-3시간이 넘도록 기도했다.

그날의 간증자는 전 과학기술처 장관을 지낸 정근모 장로님이었다. 아시다시피 그분은 한국의 내로라하는 수재 중 한 사람이다. 어느 정도 수재인가 하면 경기고등학교 1학년 때 공부를 너무 잘해서 3학년으로 월반했다. 그리고 바로 유학 가서 23세에 박사학위를 받고 한국 사람으로서 23세에 미국대학 교수가 됐다. 핵물리학 계통에서는 최고 권위자이며 대학 총장도 지냈다. 그런 분이 이런 간증을 하셨다.

하나밖에 없는 그분의 아들에게 열 살 때 사형선고가 내려졌다. 신장이 기능을 하지 않았기 때문이다. 그는 아들을 위해 자신의 콩팥을 떼어 주었고 그 과정에서 하나님을 만나고 성령을 체험했다. 하지만 아들은 26년을 더 살다가 36세를 일기로 세상을 떠났다.

아들이 하늘나라로 가기 전에 병실에서 이렇게 말했다.

"아빠, 아빠 뒤에 천사가 있네요. 천사가 나를 맞으러 오네요."

정근모 장로님은 장대비를 맞으며 이 이야기를 우리에게 들려주었다.

억수 같은 비를 맞아 가면서도 마음을 다하여 젊은이들에게 전심으로 신앙의 유산을 남겨 주겠다며 목소리를 돋우어 간증하는 것을 들으면서, 나는 그분의 삶이 과연 어디에 뿌리내리고 있는지를 알 수 있었다.

그분이 그 정도 수준의 삶을 살았다면 편안한 노후를 보내도 될 만하다. 그렇지만 그분은 여전히 영원한 삶을 꿈꾸고 있었다.

줄기를 든든히 세워라

좋은 곳에 뿌리가 든든히 내리면, 그다음 우리에게 주어지는 축복은 줄기가 튼실해진다는 것이다. 나무는 그 줄기를 통해 뿌리의 진액을 받아들인다.

풍성한 삶의 줄기란 무엇인가. 뿌리가 튼튼하면 죽음의 염려가 없어진다. 그래서 요셉은 죽음의 순간에 공포가 아니라 소망의 메시지를 전할 수 있었다. "요셉이 그의 형제들에게 이르되 나는 죽을 것이나 하나님이 당신들을 돌보시고 당신들을 이 땅에서 인도하여 내사 아브라함과 이삭과 야곱에게 맹세하신 땅에 이르게 하시리라 하고" 창 50:24. 요셉이 뻗은 튼튼한 삶의 줄기는 하나님이 내 인생을 끝까지 권고하신다는 것이었다. 돌보시고 보살피신다는 것이었다. "요셉이 또 이스라엘 자손에게 맹세시켜 이르기를 하나님이 반드시 당신들을 돌보시리니" God will surely take care of you… 창 50:25.

요셉은 이때 하나님의 큰 그림을 다 알지는 못했을 것이다. 예를 들어 이스라엘 백성들이 애굽에서 살다가 요셉의 때를 전혀 모르는 악한 파라오 황제가 등극하고 난 다음 이스라엘 백성들을 핍박하고 노예로 삼았다는 것. 피라미드를 만들기 위해 흙벽돌을 굽게 하고 돌을 지어 나르게 하고 채찍질하여 이스라엘 후손들이 고생고생했다는 것. 그래서 그들이 하나님께 부르짖었더니 하나님이 모세를 예비하셔서 430년의 애굽 생활을 청산하게 하신다는 것. 애굽 군사들이 추적해 오자 하나님이 홍해 바다를 가르셔서 이스라엘 백성들을 보호하셨다는 것을 요셉은 몰랐을 것이다.

요셉의 말대로 하나님께서는 이스라엘 백성들을 돌보셨다. 홍해를 건너고 난 다음 이스라엘 백성들이 춤추면서 한 고백을 들어 보라. "하나님이 우리를 권고하셨느니라돌보셨느니라

광야 40년 동안 옷도 해어지지 않게 하시고, 반석에서 샘물이 나게 하시며 메추라기와 만나를 내려 주실 때 그들은 고백했다. "하나님이 우리를 권고하셨느니라." 40년 광야생활이 끝나고 난 다음 가나안에 들어가게 되자 하나님은 여호수아를 세우사 가나안을 정복하게 하시고 정복할 때마다 이스라엘 백성들을 권고하셔서 어디를 가든 승리하도록 이끄셨다. 하나님은 지금도 예수 그리스도를 통해 우리를 권고하신다. 미가 선지자도 하나님께서 베들레헴에서 태어날 아기를 통하여 우리를 권고하실 것을 말씀하셨다미 5:2.

지금 도무지 살길이 없고 앞이 캄캄한 형편이라 할지라도, 하나님은 나를 권고하신다는 사실을 기억하라.

미국 철강회사 팩코의 사장 백영중이라는 분의 간증을 들었다. 지금 나이가 70이 넘으신 이분은 평안도 출생으로 1950년 아버지가 공산당에게 총살당하는 바람에 할 수 없이 혼자 이남

으로 내려와 고아로 거지처럼 살았다. 그러다가 도산 안창호 선생이 세운 흥사단을 알게 됐다. 흥사단에서 이분을 잘 본 까닭에 1956년에 미국으로 초청받아 가게 되었다. 그 당시만 하더라도 미국은 한국에서 특혜 받은 계층에서만 갈 수 있는 곳이었다. 그런데 이분이 거지처럼 살다가, 갑자기 미국 로스엔젤레스에서 첫날 밤을 보내게 되었으니 잠이 올 리가 없었다.

'이게 어떻게 내가 한 일인가? 하나님이 나를 도와주지 않으셨으면 결코 오늘 이런 일은 있을 수 없어. 하나님이 지금까지 나를 도와주신 것이라면 이젠 내게 할 일이 있을 거야.'

그러면서 그날 도산 안창호 선생에게서 배웠던 무실역행務實力行, 내가 맡은 일은 참으로 성실하게 끝까지 감당한다는 그 사상을 실천하기로 했다. 그런데 자신이 무엇을 가졌나 생각해 보니 가진 것이 없더란다.

'밑천은 없어. 돈도 없고 영어도 할 줄 몰라. 그렇지만 한 가지 가진 것이 있다면 정직과 성실이야. 앞으로 거짓말하지 말고 정직하게 내 인생을 살 거야.'

그 결심을 하니, 하나님이 그분을 요셉처럼 붙잡아 주셨다. 그에게 하나님이 창조적인 아이디어를 주셨는데, 그것은 얇은 쇠를 한 번 더 주름지게 하면 강도가 훨씬 높아진다는 것이었다. 그 기가 막힌 아이디어로 철강산업에 뛰어든 그분은 열심히 회사를 일구어 자신의 회사를 경량철골 분야에서 미국 내

1위 기업으로 올려놓았다.

그분은 한국에 있든 해외에 있든 가는 곳마다 한국인에게 늘 이렇게 말했다. "제발 서로 싸우지 말고 깨끗하고 정직하게 살고 성실히 있는 그 자리에서 최선을 다하는 무실역행의 사상을 가지십시오."

그분은 나중에 《나는 정직과 성실로 미국을 점령했다》라는 책을 썼다. 우리 교회에 간증해 주시러 오셨을 때 내가 물어보았다.

"장로님 꿈이 뭡니까?"

"통일이 되면 평양에 가서 도산 안창호 기념 대학을 설립하는 것이오."

그분은 아직도 꿈을 가지고 있었다. 아버지가 총살당한 상황, 갑자기 고아가 된 그 힘든 상황 속에서도 그는 한을 품지 않고, 밑천 없는 인생에 대해 낙망하지 않고, 끊임없이 주님 안에서 꿈을 꾸는 삶을 사셨다. 그 삶이야 말로 주님께서 권고하시는 삶이다.

열매 맺는 가지가 되라

요셉은 샘 곁의 무성한 가지라 그 가지가 담을 넘었다고 했다.

모든 나무에는 가지가 필요한 법인데 요셉은 그 가지가 담을 넘었다고 했다. 여기에는 삶의 한계와 인생의 벽 앞에서 담을 넘는다는 뜻도 있지만, 그 가지가 담을 넘어서 사람들과 올바른 관계를 맺으며 영향력을 끼쳤다는 것이다.

요셉의 가지는 평생 동안 제대로 된 영향력을 끼치며 뻗어 갔다. 그만큼 관계가 좋았다는 것이다.

아버지 야곱은 요셉 앞에 도덕적으로 흠 없는 인생이 아니었다. 존경할 만한 것이 없을 때도 많았다. 그럼에도 요셉은 한결같이 아버지를 사랑하고 존경했다. 요셉은 형들을 용서했으며, 끝까지 친절했다. 시위대장 보디발의 집에서도 요셉은 끝까지 정직하고 신실했다. 보디발 아내와의 관계에서도 끝까지 거룩함과 경건을 지켰다. 감옥에서도 친절했다. 무엇보다도 황제 바로 앞에서 그에게 주신 은사를 가지고 끝까지 충성했다.

하나님께서는 아무것도 아닌 인생을 풍성한 가지가 되게 하셔서 담을 넘게 하시고 주위에 영향력을 끼치는 삶을 살도록 만들어 주신다. 이것은 신약시대에도 하나님 나라의 속성 중 하나였다.

예수님은 하나님 나라를 이렇게 비유하셨다. "천국은 마치 사람이 자기 밭에 갖다 심은 겨자씨 한 알 같으니 이는 모든 씨보다 작은 것이로되 자란 후에는 풀보다 커서 나무가 되매

공중의 새들이 와서 그 가지에 깃들이느니라"마 13:31-32. 여기서 새들이란 당시 이방인을 지칭하는 것이었다. 헬라어로 새에 해당하는 '페테이논'은 이방인을 통칭했다. 여기서 예수님은 이스라엘 민족이 노예같이 미미하고 꽉 막힌 인생들이었지만, 하나님이 그들을 붙잡아 쓰셔서 풍성한 나무가 되게 하시어 그 가지에 새들이 깃들이는 영향력 있는 삶을 살 수 있게 하셨다고 말씀하신 것이다.

우리도 마귀의 포로가 되어 꼼짝 못 할 때가 있었다. 그런데 이제는 성령님 안에서 자유함을 선포할 수 있게 되었다. 주님께 받은 은혜로 사람들에게 영향력을 끼치며 살도록 은혜를 받았다.

인간으로서 한계를 느끼는 상황이 있다. 1세기 그리스도인들은 사면초가의 상황에 처해 있었다. 하나님을 믿고 예수님을 구세주로 고백하는 그 순간 직업을 잃었다. 네로의 핍박 가운데 사자의 발톱에 찢겨 사라지고 형장의 이슬로 사라졌다. 그러나 그 엄청난 핍박 가운데서도 1세기 그리스도인들은 하나님 나라에 대한 비전, 영원한 나라에 대해 소망을 가졌다. 예수 그리스도의 재림과 소망을 가지고 만날 때마다 늘 "마라나타 주 예수여, 오시옵소서" 하고 서로 권고했다. 그들은 끝까지 소망을 붙들었다. 요셉도 그 후손들에게 그들이 바라보아야 할 본향이 있음을 끊임없이 일깨워 주었다.

요셉은 자신의 손자와 증손자들을 앞에 놓고 신앙의 유산을 물려주었다. 신앙을 계승시켰다.

이때 요셉은 아버지 야곱이 자신의 아들 므낫세와 에브라임을 축복해 주기를 원했다. "요셉이 그의 아버지에게 아뢰되 이는 하나님이 여기서 내게 주신 아들들이니이다 아버지가 이르되 그들을 데리고 내 앞으로 나아오라 내가 그들에게 축복하리라"창 48:9. 애굽의 총리대신 요셉의 사무실 앞에는 아마도 각종 결재를 받으려고 온 사람들로 늘 북새통을 이뤘을 것이다. 그처럼 눈코 뜰 새 없이 바쁜 사람이 두 아들을 위해서 축복받으러 아버지를 찾은 것이다.

그때 야곱은 병들었고, "이 일 후에 어떤 사람이 요셉에게 말하기를 네 아버지가 병들었다 하므로 그가 곧 두 아들 므낫세와 에브라임과 함께 이르니"창 48:1. 이제 야곱은 기억력도 흐려졌고 시력도 흐려졌다. "이스라엘이 요셉의 아들들을 보고 이르되 이들은 누구냐"창 48:8. "이스라엘의 눈이 나이로 말미암아 어두워서 보지 못하더라"창 48:10. 요셉에 비하면, 아버지 야곱은 정말 파란만장 그 자체인 인생이었다. 야곱이 처음 애굽으로 건너와 바로에게 인사하면서 말한 대로 그는 가는 곳마다 기가 막힌 사건들을 일으키고 다녔던, 말 그대로 험악한 인생을 살았던 사람이었다.

하지만 요셉은 아버지에게 영적인 축복권이 있다는 것을 알

왔고, 그것이 이 세상 그 어떠한 축복보다도 귀하다는 사실을 잘 알았다.

"요셉이 아버지의 무릎 사이에서 두 아들을 물러나게 하고 땅에 엎드려 절하고"창 48:12. 야곱의 축복기도가 얼마나 강력했는지, 시대의 인물 애굽의 총리대신 요셉이 지금 아버지의 무릎 사이에서 감사를 표했다. 이것이 바로 축복의 영권이다.

구약시대 히브리 사람들은 장자가 항상 집안에 축복의 대를 이어가야 한다고 생각했고, 권능의 상징인 오른손으로 장자를 축복했다. 그래서 요셉은 야곱의 오른손 밑에는 장남 므낫세를, 왼손 밑에는 차남 에브라임을 데려다 놓았다. 그런데 영권이 있는 야곱은 장남과 차남을 축복할 때, 요셉이 원하는 대로 하지 않았다. 야곱은 손을 엇갈려 장남 므낫세의 머리에는 왼손을, 차남 에브라임 손에는 오른손을 얹었다. 이때 요셉이 한마디 했다.

"그의 아버지에게 이르되 아버지여 그리 마옵소서 이는 장자이니 오른손을 그의 머리에 얹으소서 하였으나 그의 아버지가 허락하지 아니하며 이르되 나도 안다 내 아들아 나도 안다 그도 한 족속이 되며 그도 크게 되려니와 그의 아우가 그보다 큰 자가 되고 그의 자손이 여러 민족을 이루리라 하고"창 48:18-19. 이것은 장남 므낫세에게 갈 축복을 빼앗아 차남 에브라임에게 주었다는 뜻이 아니다. 다만 에브라임을 더 많이 축복하겠다는 것이었다.

그리하여 이스라엘 12지파의 분깃을 나눌 때 에브라임과 므낫세 2지파가 분깃을 받았다. 야곱이 오른손과 왼손을 바꾸어 축복했기 때문이었다.

그런데 야곱은 어떻게 오른손과 왼손을 엇갈려 축복해도 된다는 것을 알았을까. 하나님은 이미 야곱에게 큰 계시를 하셨다. "여호와께서 그에게 이르시되 두 국민이 네 태중에 있구나 두 민족이 네 복중에서부터 나누이리라 이 족속이 저 족속보다 강하겠고 큰 자가 어린 자를 섬기리라 하셨더라"창 25:23. 하지만 야곱은 이것을 믿지 못했다. 어렸을 때부터 장자만이 하나님의 축복을 받는 것이라고 알았기 때문이다. 만약 하나님이 엇갈리게 축복해 주실 수도 있다는 것을 미리 믿었더라면 야곱은 아버지를 속이지 않았을 것이다. 차남으로 가만히 있어도 하나님이 에서 형의 머리 위에는 왼손을, 자신의 머리 위에는 오른손을 얹어 주시면 되는 것인데, 그것을 믿지 못해서 험악한 인생을 살 수밖에 없었던 것이다. 이것이 바로 성경의 아이러니, 역설이다. 당연히 장자는 축복을 받고, 당연히 차남은 덜 받는다는 상식을 뛰어넘는 것이 하나님의 은혜이다.

야곱이 보여 준 엇갈린 손의 축복은 무엇을 뜻하는가. 차남이라도 장자가 될 수 있고, 장자라도 차남이 될 수 있다는 것이다. 약한 자를 들어 강한 자를 부끄럽게 하시는 이유는 인간이 자랑하지 못하도록 하기 위해서이다. 이것은 하나님의 생각과 뜻이 자연의 섭리와 인간의 생각을 뛰어넘는다는 것을 보여 주시는 것이다.

오늘날 우리도 이렇게 엇갈린 손을 자주 만난다. 하나님은 가끔 우리의 생각을 뒤엎으시고, 또 세상적인 순서를 바꾸시고, 우리들이 하찮게 여기는 것들을 오히려 더 소중하게 만들어 주신다. 우리가 이것 아니면 안 된다며 애정을 쏟는 것은 거들떠보지도 않으시고, 오히려 내가 덜 소중하다고 생각하는 것에 오른손을 얹어 주신다. 하나님은 때로 우리가 진정 갈망하는 것과는 거리가 먼 것에 손을 엇갈려서 축복하실 때가 있다. 이것은 하나님이 우리가 좋아하는 것을 모르셔서가 아니다. 다만 하나님의 법은 처음부터 잘난 것을 통해서 영광 받시 않으신다는 것이다. 세상에서는 다 똑똑하고 괜찮은 사람들만 일하지만, 하나님은 그렇게 일하시 않으신다. 하나님은 엇갈리게 축복하실 수 있는 분이다. 고통 속에서 신음하지 말라. 하나님이 엇갈리게 하시면 상황은 역전될 것이다.

'이제 정말 끝이야' 하고 생각하는 순간, 하나님은 그때 오히려 장자의 능력을 베풀어 주신다. 이것이 하나님만이 하실 수 있는 역전승의 원리이다.

하나님의 이 독특한 스타일과 방법에 마음을 열라. 이것을 믿을 때 우리는 요셉처럼 풍성한 삶을 살게 될 것이다.

요셉은 맏아들 므낫세가 오른손의 축복을 받고, 차남 에브라임이 왼손의 축복을 받기 원했지만 아버지 야곱은 손을 엇갈려 축복했다. 나 같았다면 굉장히 기분이 나빴을 것이다. 그렇지만 요셉은 그렇지 않았다. 아버지가 좀 부족해도, 아버지가 좀 모자라도 그 아버지 무릎 사이에 무릎을 꿇고 축복을 받아들였다.

우리는 요셉의 신앙을 계승시켜 주어야 한다. 이것은 너무나 소중한 일이다. 신앙계승은 삶에서 결정적인 영적 전투이다. 사소한 전투에서 아무리 이겨도 결정적인 곳에서 실패하면 전쟁에서 지는 것이다.

영국을 보라. 영국은 100여 년 전 세계 최대의 기독교 국가였다. 그 당시 사람들은 아침에 성장을 하고 구름같이 교회로 몰려들었다. 스펄전과 같은 설교가를 비롯해서 그 당시 영국에는 위대한 설교자들이 얼마나 많았는지 모른다. 사람들이 설교를 들으려고 구름처럼 몰려들었다. 신실한 목자상을 가졌던 리차드 벡스터와 같은 사람이 살았다. 토마스 선교사와 같이 한국에 와서 대동강가에 피를 뿌리면서 선교할 수 있는 위대한 선교사들이 영국 곳곳마다 있었다. "기도하는 한 사람이 기도 없는 한 민족보다 강하다"라고 외치며 기도하는 사람들이 있었다.

그런데 지금 영국에서는 6,500만 인구 가운데, 주일 아침에 예배에 참석하는 사람이 100만여 명에 지나지 않는다. 전체 인구의 2퍼센트가 되지 않는 것이다. 앞으로 20-30년만 지나면 영국의 공식 종교가 이슬람이 될 것이라는 예측까지 나오고 있는 판이다. 왜 이렇게 되었는가. 이유는 단 하나, 신앙의 계승에 실패했기 때문이다.

지금으로부터 20여 년 전 서울 여의도광장에서 한국 복음화대성회 기간 중에 금요 철야기도를 열었다. 나도 그곳에 참석했는데 비가 억수같이 쏟아졌다. 그런데도 사람들이 돌아가기는커녕, 수십만 명의 사람들이 밤새도록 비를 맞아가며 기도했다. 그날 밤 기도하다 돌아가신 할머니도 있었다. 그런데 훗날 미국에서 교수님 한 분으로부터 이런 말을 들었다.

"나도 그날 그 집회에 있었는데, 이것은 역사에 없는 일이었다. 기독교 신앙에 새로운 획을 긋는 일이었다. 어떻게 수십만의 사람들이 비가 억수같이 쏟아지는데 기도할 수 있겠는가!"

미국 사람들은 만약 그런 대형 집회장에서 기도하다가 폐렴에 걸리면 바로 고소하기 때문에 미국에서 이런 일은 상상할 수도 없는 일이었다.

사실 그 무렵 한국의 정치적 상황은 광주 민주화운동이 벌어지는 등 암울하기 짝이 없었다. 하지만 하나님은 그때 우리의 기도를 들으시고 한국 사회를 새롭게 하셨으며, 경제적 부흥을 가져다 주셨고, 한국 교회에 부흥을 허락하셨다. 위기의 순간마다 마음을 다하여 기도하라. 우리의 기도가 민족의 미래를 열어 갈 것이다.

하룻밤도 꿈 없이 잠들지 말자. 한 번밖에 없는 인생이다. 흐트러진 우리의 모습들을 다시 한 번 가다듬고, 보이지 않는 세계를 집중해서 보는 영의 눈을 뜨라. 하나님이 어떤 은혜를 주실지 기대하라. 그리하여 겨우겨우 마른 가지의 삶을 사는 것이 아니라 풍성히 열매 맺는 삶을 살자.

한 번밖에 없는 인생이다. 매일매일의 삶을 주님이 어떻게 권고하시는지, 돌보시는지 실감하라. 영원을 사모하라. 영향력의 가지가 뻗어서 이웃에게 연결될 수 있도록 하라. 이 혼란한 시대에 제대로 된 신앙을 다음 세대에 계승시킬 수 있도록 은혜를 구하라.

순종선언 열

나는 하나님 안에서
항상 꿈꾸는 자로 살겠습니다

풍성한 노후를 대비하라

사람은 누구나 늙는다. 육신만이 아니라 마음도 늙는다. 그런데 나이가 들면서 더 이기적이고 더 미숙해지는 분들이 많이 있다. 이처럼 나이가 든다고 해서 어른이 되는 것이 아니라, 인격이 자라야만 어른이 된다. 자기 직책이 자기 인격이라고 생각하는 사람이 있다. 그렇지 않다. 직책은 인격이 아니다. 그의 내면의 성숙이 인격이다. 사람의 위대함은 겉모습이 아니다. 내면의 성숙이 위대함이다.

샘 곁에 뿌리를 내리라

우리는 이 땅의 세상과 하늘나라라는 두 세계 사이에서 갈등하며 살아간다. 이 땅의 사고방식은 아무리 내가 피하려고 해도 막 스며든다. 보이지 않는 세계, 영적인 세계에 대해 의식적으로 집중하지 않으면 우리 영혼의 안목은 흐려질 수밖에 없다. 거룩한 칼날 위에 긴장감을 가지고 있을 때, 보이지 않는 세계에 대한 영혼의 감각이 시들지 않는다. 영원에 대해 눈을 뜬 예수 믿는 사람은 하늘나라에 뿌리를 내려야 한다.

줄기를 든든히 세워라

좋은 곳에 뿌리가 든든히 내리면, 그다음 우리에게 주어지는 축복은 줄기가 튼실해진다는 것이다. 풍성한 삶의 줄기란 무엇인가. 요셉의 삶의 줄기는 하나님이 내 인생을 끝까지 권고하신다는 것이었다. 돌보시고 보살피신다는 것이었다. 지금 도무지 살길이 없고 앞이 캄캄한 형편이라 할지라도 하나님은 나를 권고하신다는 사실을 기억하라.

열매 맺는 가지가 되라

한 번밖에 없는 인생이다. 매일매일의 삶을 주님이 어떻게 권고하시는지, 돌보시는지 실감하라. 영원을 사모하라. 영향력의 가지가 뻗어서 이웃에게 연결될 수 있도록 하라. 이 혼란한 시대에 제대로 된 신앙을 다음 세대에 계승시킬 수 있도록 은혜를 구하라.

순종선언 기도문 • 열 •

PRAYER

주님, 사람은 누구나 늙습니다. 육신만이 아니라 마음도 늙습니다. 그렇지만 나이가 든다고 해서 어른이 되는 것은 아닌 것 같습니다. 주님, 저는 나이만 먹는 것이 아니라 인격이 자라는 어른이 되기를 원합니다. 직책이나 겉모습에 집착하지 않고 내면의 성숙을 위해 나이가 들수록 오히려 더 열심히 꿈을 꾸는 사람이 되기를 원합니다. 주님, 제가 거룩한 칼날 위에 긴장감을 가지고, 보이지 않는 세계에 대한 영혼의 감각이 시들지 않게 하옵소서. 주님께서는 제 인생을 끝까지 권고하셔서 풍성한 삶의 줄기를 맺게 하실 줄 믿습니다. 주님, 한 번밖에 없는 인생입니다. 매일매일의 삶을 주님이 어떻게 권고하시는지, 돌보시는지 실감하게 하옵소서. 영원을 사모하게 하옵소서. 영향력의 가지가 뻗어서 이웃에게 연결될 수 있도록 하옵소서. 이 혼란한 시대에 제대로 된 신앙을 다음 세대에 계승시킬 수 있는 열매 맺는 가지가 되게 하옵소서. 하룻밤도 이러한 열매 맺는 삶에 대한 열정 없이, 꿈 없이 잠들지 않게 하옵소서. 예수 그리스도의 이름으로 간절히 기도드립니다.

맺음말

10가지 순종선언을 마무리하면서 내 가슴은 마치 10가지 황금률이라도 새겨 넣은 것처럼 거룩한 부담과 떨림이 있었다. 그러면서도 철저히 순종으로 레이아웃layout된 새로운 인생의 청사진을 거머쥔 것처럼 가슴 뛰는 기대감과 열정이 내 안에서 도사리는 것을 느낄 수 있었다.

요셉의 순종은 하나님의 계획하심과 섭리에 쓰임 받아 자신은 물론, 가족과 민족 전체를 살리는 생명의 역사가 되었다. 덕분에 보디발의 집안과 대제국 애굽이 덩달아 굶주림을 면할 수 있었던 것처럼 우리 한 사람 한 사람이 요셉과 같은 순종의 삶을 살아 하나님의 사람이 되고 하나님의 계획하심에 쓰임 받는 자로 선다면 이 나라, 이 민족은 그저 덤으로라도 하나님의 견고한 반석 위에 세워질 것이다.

꿈은 대가를 요구한다. 요셉이 자신의 꿈을 지키고 하나님의 교훈에 순종한 것에는 엄청난 대가가 있었다. 형제들의 배신과 노예 생활, 억울한 누명과 감옥 생활까지, 그리고 이런 대가를 성실하게 이겨 내고 있을 때 하나님께서는 절묘한 타이밍에 그의 삶을 반전시키셨다. 지금 어렵고 힘든 인생의 강을 건너고 있는가? 하나님의 절묘한 타이밍을 기대하라. 내일 당장 이 일을 이뤄 달라고 하지 말고 마라토너처럼 긴 호흡과 안목으로 42.195킬로미터의 인생을 보라. 그리고 어느 날, 당신의 순종이 하나님의 시간과 맞닥뜨리게 될 때에 당신은 하나님의 역사를 이룰 뿐 아니라 진정한 형통, 인생의 황금기 Golden Era를 맞이하게 되리라고 믿는다.

이제 10가지 순종선언은 삶의 매 순간 육안으로 보이는 부분과 보이지 않는 부분까지 정밀하게 감정鑑定한 것이다. 모든 판단의 잣대가 될 것이며, 모든 행동의 추와 저울이 될 것이다. 그러나 이것이 지키지 못할 선언으로 끝나 버려선 안 된다. 선언에 합당한 책임을 지고 삶에서 순종을 완성하라. 그리하여 크고 작은 인생의 현장마다 순종의 기념비를 세우라. 그러다 인생의 어려운 순간이 닥쳐왔을 때, 이제 그만 포기하고 돌아서고 싶을 때, 이 기념비들을 돌아보아야 한다. 이 순종의 체험들은 새로운 결단과 각오, 하나님이 함께하심의 기억들을 떠올려 힘을 주고 다시 일어서게 할 것이다. 살아 있는 언어가 폭포를 거슬러 제 고향을 찾아 가듯 우리 그리스도인들도 순종의 고지를 점령할 수 있게 해 줄 것이다.

본서를 탈고할 무렵, 교회적으로는 "우리에게 새날을 열어 주소서"라는 주제로 제5차 특새특별새벽기도회를 하고 있었다. 사실 매일 새벽마다 제물 된 심정으로 흠 없고 순결한 일 년 된 숫양이 되어 나 자신을 쳐 복종시키기란 결코 쉬운 일은 아니었다. 그러나 지난 수십 년간 하나님께 엎드린 삶을 두고 단언하건대, 하나님을 전적으로 신뢰하며 순종하는 것만큼 안전한 포구로 인도받는 길은 없다. 사실 하나님께 쓰임 받았던 그 어떤 인물도 순종 없이 된 인물은 없다. 순종에 실패한 사람은 인생에 실패한 사람이고 순종에 성공한 사람이 인생에 성공한 사람이라는 데 어렵지 않게 동의할 것이다.

다음은 한국 교회 모든 성도들의 동참을 호소하며 40일 연속 금식 기도회를 선포한 후 품고 기도해 온 기도제목들이다. 온 성도들이 기도할 때마다 주께서 우리 민족의 역사를 아름다운 방향으로 이끌어 주시길 얼마나 소원했는지 모른다. 온 성도들이 올려 드리는 눈물 어린 기도의 강수를 통하여 이 민족 역사의 강이 새롭게 흘러가도록 밤낮으로 기도했다. 바라기는 이 기도제목들을 함께 나누면서 순종을 생명처럼 사랑한 요셉의 세대들이 벌 떼처럼 일어나길 소원한다. 또한 이 기도들을 통해 우리들이 함께 나눈 순종선언이 영적으로 보호받고 승리를 약속하게 되길 간절히 바란다.

"순종을 통해 인생의 새날이 열리고 순종하는 백성들을 통해 민족의 새 지평을 열어 주소서."
"우리 모두의 순도 높은 순종이 시대와 민족을 새롭게 하는 은혜의 비밀병기가 되게 하소서."
"우리에게 있는 영적 전쟁을 이해하고 순종을 통해 영적 진지를 구축하게 하소서."
"주의 용사 되어 순종을 결단한 우리 모두에게 주의 일 맡기소서."
"요셉과 같이 하나님 보시기에 의롭고 순종하는 지도자가 남과 북에 세워지게 하소서."
"우리 민족이 국토 면적으로는 약소하지만 순종선언으로 영적 강국이 되어, 세계 강대국을 향도하는 이 시대의 Cox(키잡이)로 사용하여 주소서."

국제제자훈련원은 건강한 교회를 꿈꾸는 목회의 동반자로서 제자 삼는 사역을 중심으로 성경적 목회 모델을 제시함으로 세계 교회를 섬기는 전문 사역 기관입니다.

거룩한 결심
순종선언

초판 1쇄 발행 2007년 12월 21일
2판 1쇄 발행 2016년 12월 16일

지은이 오정현

펴낸이 박주성
펴낸곳 국제제자훈련원
등록번호 제2013-000170호(2013년 9월 25일)
주소 서울시 서초구 효령로68길 98(서초동)
전화 02)3489-4300 **팩스** 02)3489-4329
이메일 dmipress@sarang.org

저작권자 (C) 오정현, 2007, Printed in Korea.
이 책은 저작권법에 의해 보호를 받는 저작물이므로 저자와 출판사의 허락 없이
내용의 일부를 인용하거나 발췌하는 것을 금합니다.

ISBN 978-89-5731-715-0 04230
ISBN 978-89-5731-714-3 04230 (세트)

※ 책값은 뒤표지에 있습니다. 잘못된 책은 구입하신 곳에서 교환해드립니다.